Leopold Dippel

Beiträge zur Kenntniss der in den Soolwässern von Kreuznach

lebenden Diatomeen,

sowie über Struktur, Teilung, Wachstum und Bewegung der Diatomeen überhaupt

Leopold Dippel

Beiträge zur Kenntniss der in den Soolwässern von Kreuznach lebenden Diatomeen,
sowie über Struktur, Teilung, Wachstum und Bewegung der Diatomeen überhaupt

ISBN/EAN: 9783743616134

Hergestellt in Europa, USA, Kanada, Australien, Japan

Cover: Foto ©ninafisch / pixelio.de

Manufactured and distributed by brebook publishing software
(www.brebook.com)

Leopold Dippel

Beiträge zur Kenntniss der in den Soolwässern von Kreuznach

lebenden Diatomeen,

Beiträge

zur

Kenntniss der in den Soolwässern von Kreuznach lebenden

DIATOMEEN,

sowie

über Struktur, Theilung, Wachsthum und Bemegung
der Diatomeen überhaupt

von

Dr. Leopold Dippel.

KREUZNACH.

Druck und Verlag von R. Voigtländer.

1870.

Vorwort.

Den Ausgangspunkt vorliegender Beiträge bildete die Untersuchung der Kreuznacher Soolwässer auf die darin vorkommenden Arten. Einzelne an diesen letzten gemachte Beobachtungen über Bewegung, Theilung u. s. w. liesen mich meine Untersuchungen weiter ausdehnen, und so sammelte sich das Material zu diesen Blättern an.

Bezüglich der genaueren Bestimmung einzelner Arten, so der Surirella ovata var. producta. Nitzschia hungarica var. und N. amphibia, Navic. lancealata Sm., N. lanc. Kützg. und Navic. pymaca habe ich Hrn. Dr. L. Rabenhorst meinen freundlichsten Dank auszusprechen. Die übrigen Arten haben Hrn. Dr. Rabenhorst nicht vorgelegen; ich muss also für diese die Verantwortlichkeit allein tragen.

Idar im Juli 1869.

Dr. L. Dippel.

I. Characterisirung der die Soolwässer von Creuznach bewohnenden Diatomeenarten.

I. Melosireen.

Aus dieser Familie findet sich eine einzige Gattung nämlich Melosira vertreten, und zwar soviel ich beurtheilen kann, durch drei Species, von denen zwei der Link'schen Gattung Lysigonium, die anderen der Ehrenberg'schen Gattung Galionella augehören. Melosira nummuloides findet sich häufig und variirt in der Art, dass die einzelnen Jndividuen bald einen mehr kreisförmigen, bald einen mehr elliptischen Durchschnitt besitzen, während kurze Jsthmen die beiden durch die bekannte Scheide (Ring) vereinigten Glieder verbinden. Im Mittel messen die einzelnen Glieder im ersten Falle nach beiden Richtungen 0,03 Millimeter, im zweiten Falle nach der die Endflächen verbindenden Hauptachse 0,025—0,03 Millimeter, nach der dem Durchmesser der Seitenfläche (des Ringes) entsprechenden Nebenachse 0,035—0,04 Millimeter.

M. salina unterscheidet sich von der vorhergehenden Art nur so unwesentlich, dass man beide nach dem Rathe von Prof. W. Smith füglich zu einer Art vereinigen sollte. Der Durchmesser beträgt hier im Mittel 0,025 Millimeter.

Die einzelnen (gedoppelten) Glieder der Kette tragen häufig noch die Spuren der Mutterzellhülle vorletzter Generation, wodurch die von den Engländern erwähnten zärteren Streifen am

Ende des optischen Durchschnittes der Einzelzellen herrühren Sobald diese Scheide zerstört ist, kann man natürlich von diesen zarten Streifen, welche bei genauer Betrachtung ihren Ursprung nicht verkennen lassen, auch nichts mehr beobachten.

Melosira Jurgensii (Ktz.) wurde von mir weit seltener beobachtet, als die beiden genannten Formen und zwar nur in den Proben, welche im Juli bis August vorig. Sommers untersucht wurden. Die kleinere d. h. nach der Nebenachse schmälere und mehr verkürzte Abänderung wurde gar nicht, sondern nur die eine bei welcher die Glieder etwa zweimal länger als breit sind beobachtet und zwar fand ich dieselbe häufig von solcher Grösse, dass der Durchmesser nach der Richtung der Nebenachse demjenigen der M. salina gleich kam.

II. Surirelieae.

Aus diesen Familien ist nur die Gattung Surirella vertreten und zwar durch 2 Arten.

Surirella striatula variirt sehr in der Grösse, indem die Flächen bei den grösseren Exemplaren eine Länge von 0,0829 Millimeter, bei den kleineren von 0,0565 Millimeter beobachten lassen. Die Querleisten oder Querrippen reichen bei allen Exemplaren bis zur Mitte, werden aber gegen die Mittelrippen hin schwächer (fig. 2 T. I.). Es gehen davon 4—6 auf 0,01 Millimeter. Die den Querleisten parallel verlaufenden Längsstreifen sind leicht sichtbar, schwieriger dagegen die Längsstreifen, welche jene rechtwinklich kreuzen.

Surirella ovata (fig. 1 u. 3 T. I.) erscheint, während die vorige Art nicht sehr häufig ist, allenthalben. Wahrscheinlich dürfte es, da der Querleisten etwa 8—9 auf 0,01 Millimeter vorhanden sind, die Varietät salina sein, welche nach unserem Befund sich dadurch auszeichnet, dass die verschiedenen Individuen nur wenig in der Grösse von einander abweichen, welche im Mittel 0,022 Millimeter beträgt.[*]

---

[*] Nach Dr. Rabenhorst ist es eine neue Varietät: Surirella ovata producta.

III. Cymbelleae.

Hier ist es die Gattung Amphora, welche durch eine nicht sehr häufig vorkommende Art nämlich Amphora ovalis forma elliptica vertreten ist. Dieselbe variirt in Grösse bedeutend, so dass die grösseren Exemplare etwa 0,035 Millimeter, die kleineren dagegen nur 0,015 Millimeter Länge besitzen. Die Querstreifen sind sehr zart, oft kaum mit den stärksten Systemen wahrzunehmen, so dass ich noch zweifelhaft bin, ob wir hier die genannte Art vor uns haben, oder ob nicht vielleicht eine eigene Art vorliegt.

IV. Achnantheae.

Achnanthes brevipes in der von Rabenhorst unter der Bezeichnung salinarum als Abänderung der Hauptform, von andern Autoren z. B. Pritchard als eigene Art A. salina bezeichneten Varietät tritt hie und da, im Ganzes aber sehr selten auf. Häufiger erscheint Achnanthes subsessilis, welches in seinen Grössenverhältnissen oft bedeutend wechselt, indem die grossen Exemplare eine Länge von 0,065 Millimeter, die kleinen von 0,03 Millimeter erreichen. Neben diesen beiden Arten habe ich mehr vereinzelt noch zwei Formen beobachtet, von welchen die eine möglicherweise zu cristata zu ziehen sein dürfte. Ich kann dieselbe kaum für eine Varietät von subsessilis halten; es stimmt deren Gestalt aber insofern nicht mit der Figur von Rabenhorst Süsswasserdiatomeen ,Taf. 8 fig. 7, als die Mittelrippe hier fehlt, während sie in den vorliegenden Exemplaren überall vorhanden ist. Die andere hat Aehnlichkeit mit Achnanthes intermedia, ist aber von weit geringeren Dimensionen, als Rabenhorst von dieser Art angegeben hat.

V. Fragilarieae.

Aus dieser Familie finden sich mehrere Synedra-Arten und zwar Synedra laevis, pulchella und affinis. Die

1*

übrigen, sehr kurzen (0,03—0,08 Mm.) und dabei breiten Formen, kann ich nach den mir zu Gebote stehenden Hülfsmitteln vorläufig nicht unter den bekannten Arten unterbringen. Ihrem ganzem Habitus nach dürften sie vielleicht in dieselbe Gruppe der Gattung gehören, wie Synedra pulchella. Andrerseits aber fühlt man sich auch zu dem Gedanken veranlasst, dass man es vielleicht mit, der verwandten Gattung Plogiogramma zugehörige Arten zu thun habe.

VI. Nitzschieae.

Die Nitzschieen sind durch drei Gattungen Tryblionella, Nitzschia und Bacillaria vertreten. Tryblionella anguetata findet sich hie und da, noch weniger häufig die Tryblionella acuminata, die bisher nur in England aufgefunden wurde.

Aus der Gattung Nitzschia findet sich Nitzschia amphioxys, welche vereinzelt, dann N. vitrea forma salinarum und N. hungarica var., welche häufiger erscheinen.

Von den kleinsten Formen dieser Gattung erscheinen N. amphibia var. und minuta, erstere häufiger, letztere seltener.

Naviculaceae.

Aus der Familie der Naviculaceae findet sich nur die Gattung Navicula vertreten.

a. Mit lanzettförmigen Endflächen.

Navicula rhombica Greg. Vereinzelt, doch nicht grade selten. Dieselbe stimmt in allen Verhältnissen mit der als Probeobject bekannten Navicula rhomboides (N. Amici) überein, nur dass die Streifen weiter entfernt stehen und weit deutlicher sind. Es dürfte die von Rabenhorst als forma latior aufgeführte Varietät dieser Art sein, da sonst die Massangabe dieses Autors mit meiner Messung, wonach die Länge der Endflächen 0,052 Millimeter beträgt, weit differiren würde.

Navicula lanceolata. Sm. und lanceolata. Ktz. die
erstere mit paralleler, die andere mit radialer Streifung treten
häufig auf und ändern insofern ab, als etwas schlankere Endflächen kurz vor den Spitzen wenig eingezogen erscheinen. Dagegen stimmen in beiden Formen die Anzahl der Streifen, von
denen 20—22 auf 0,01 Millimeter gehen, vollständig überein.

*b. Mit elliptisch lansettlichen oder lineal lansettlichen Endflächen
mit eingezogen gerundeten oder schnabelartig vorgestreckten
Spitzen.*

Navicula amphirhynchus(Ehrenberg) tritt ziemlich häufig
auf und zeichnet sich durch ziemlich constante Grössenverhältnisse
der einzelnen Individuen aus, indem die Länge der Endflächen
zwischen 0,045 Millimeter und 0,04 schwankt, wobei aber die
längeren Formen ein schlankeres Aussehen gewinnen.

Navicula rhynchocephala forma robusta ist eine der am
häufigsten auftretenden Arten, welche weniger in ihren Grössenverhältnissen, als in der Form der Endflächen wechselt, indem
deren Spitzen entweder ohne merkbare Einschnürung sehr weit,
oder bei geringer Einschnürung minder weit vorgestreckt erscheinen.

Navicula dicephala. Selten. Aendert gleichfalls mehrfach ab, indem die Endflächen bald schmäler bald breiter erscheinen, ohne dass sie in der Länge bedeutend abweichen.

c. Mit elliptischen Endflächen.

Navicula pygmaea (fig. 8—10 T. I.). Häufig. Dieselbe
wechselt in der Grösse vielfach ab, indem die Form zugleich
bald eine schlankere, bald eine breitere wird.

II. Beiträge zur Kenntniss des Baues, der Theilung, des Wachsthums u. s. w.

Die Zellhülle.

Ueber die Zellhülle der Diatomeen herrschen verschiedene Ansichten. Bald soll dieselbe aus mehreren Lagen bestehen, von denen die äussere eine aus Kieselerde bestehende starre Schale bildet, während die innere der Zellhülle den übrigen vegetabilischen Zellen analog gebildet sei. Bald soll nur eine einzige starre Kieselhülle vorhanden sein, bald eine solche bei gewissen Arten gänzlich fehlen und die äussere Umhüllung aus einer mehr hornartigen biegsamen Substanz gebildet werden.

Jede dieser Ansichten, über die namentlich die englischen Forscher auf diesem Gebiete, wie Smith, Pritchard, Schudboldt u. A. theils in dem Journal of Microscopical science, theils in Spezialwerken über die vorliegende Familie sich weiter verbreitet haben; findet gewissermassen in den Beobachtungen, welche sowohl an lebenden, als an mit Reagentien behandelten Pflanzen ausgeführt wurden, eine Stütze. Alle aber treffen das Richtige nicht, weil sie eben von der vorgefassten Meinung ausgehen, dass die lebende Zellhülle wenigstens in einem ihrer Theile d. h. in ihrer Aussenschicht sich in demselben Zustande der Starrheit befinde, wie die durch die bekannten Behandlungsweisen erlangten Kieselschalen.

Diese vorausgesetzte Starrheit aber ist bei der Zellhülle der Diatomeen ebenso wenig, oder doch nur in etwas höherem Grade vorhanden, wie in andern Pflanzenzellhüllen von denen wir zusammenhängende Kieselskelette darzustellen vermögen, indem wir dieselben nach vorhergegangenem Kochen mit Salpetersäure und chlorsaurem Kali oder mit Chlorkalk und Salzsäure der Glühhitze aussetzen.

Um sich von der Beschaffenheit der Zellhülle zu überzeugen

ist es durchaus nothwendig, die Diatomeen im lebenden Zustande zu beobachten. Ein genauer Verfolg der Lebenserscheinungen schon wird sicher darüber belehren, dass deren Zellhülle keinesweges so undurchdringlich ist, als man fast allseitig anzunehmen geneigt ist. Schon der Ernährungsprozess lässt darauf schliessen, dass die Zellhülle der Diatomeen für in Wasser gelöste Substanzen ebensogut penetrabel sein müsse, wie dies bei anderen Zellhüllen der Fall ist. Freilich hat man sich in dieser Beziehung dadurch zu helfen gesucht, dass man angenommen, die starre Hülle, Kapsel, Schale, sei an gewissen Stellen, sei es in der ganzen sogenannten Nath, sei es an deren abgerundeten — für Löcher erklärten — Endigungen, sei es in dem mittleren Theile dieser letzteren, durchbrochen. Wir werden aber bei der weiter unten folgenden näheren Betrachtung dieses Theiles der Zellhülle den Nachweis liefern, dass wir in demselben durchaus keine Substanzlücken vor uns haben, dass also der Austausch zwischen dem Zelleninneren und der äusseren Umgebung keineswegs durch sie bewerkstelligt werden kann. Der Theilungsprozess, der sich so häufig und ohne alle Schwierigkeit, namentlich bei den grösseren Arten der Gattungen Pinnularia und Navicula beobachten lässt, liefert gleichfalls einen entschiedenen Beweis gegen die völlige Starrheit. Ausserdem weist die bei Anwendung passender Wärmegrade eintretende braune bis braunschwarze Färbung der Kieselschale ganz entschieden darauf hin, dass sich organische Theile in derselben vorfinden, dass wir die Kieselerde als in die organische Substanz eingelagert zu betrachten haben. Freilich kann die Menge der eingelagerten Kieselsäure je nach verschiedenen Gattungen in ziemlich bedeutenden Grenzen schwanken so z. B. ist dieselbe geringer bei einzelnen Gattungen der Fragillarieen u. Naviculaceen, grösser bei den andern Diatomeen. Nie aber hat dieselbe alle organische Substanz vollständig verdrängt.

Dass auch die Zellhülle der Diatomeen mehrschichtig sein kann, lässt sich von vornherein aus dem Verhalten derselben bei

den übrigen Pflanzen vermuthen. Und in der That bestätigt die
Beobachtung dieses Structurverhältniss für manche, Arten; so
gibt es unter der Gattung Navicula manche Arten z. B. Navicula cuspidata, Frustulia saxonica u. A. welche auf dem optischen
Querschnitt der Hauptseite eine Schichtung der kieselhaltigen
Hüllen erkennen lassen. Ob der Gehalt an Kieselsäure in den
verschiedenen Schichten ein verschiedener ist, lässt sich nicht
überall mit Sicherheit nachweisen. Bei einzelnen Arten jedoch
scheint die innerste Schicht ganz frei von Kieselerde zu sein, so
bei einzelnen Arten von Stauroneis, wo die Innenschicht sich von
der Aussenschicht trennen lässt und dann gleichsam als selbststän-
dige Hülle erscheint. Dieses Verhalten hat denn auch häufig Veranlassung gegeben, diesen Theil der Zellhülle als die eigentliche
Zellhülle zu betrachten und die Aussenschicht als ein Ausschei-
dungsprodukt dieser letzteren mit der Cuticula der höheren Gewächse in Vergleich zu bringen.

Anscheinend ist die Zellhülle aus mehreren Stücken zu-
sammengesetzt, nämlich einem Mittelstück und einem rechten
und linken Seitenstücke. In der Wirklichkeit besteht aber eine
solche Trennung nicht und das Zerfallen der Kieselschalen nach
energischer Behandlung mit starken Reagentien unter gleich-
zeitiger Einwirkung von starker Wärme kann durchaus nicht als
Beweis für eine solche Zusammensetzung gelten. Die Zellhülle
zeigt hier dieselbe Integrität, wie überall sonst. Wohl aber dürfte
da wo das Zerfallen stattfindet, die Kieselsäureeinlagerung fehlen,
während diese Stellen zugleich minder stark verdickt sind. Erst
nachdem die organische Substanz hier — und zwar selbstver-
ständlich vollständiger und schneller als in den mit Kieselsäure
imprägnirten Theilen — zerstört worden ist tritt das Zerfallen
in die vorgenannten Theile ein.

Ausser diesen, von Kieselsäure freien Stellen hat man, wie
schon oben berichtet, die Zellhülle selbst an gewissen Stellen als

durchbrochen angesehen. Dies gilt namentlich von der Mittelrippe (der Nath, Raphe) welche sich bei mehrern Gattungen, so z. B. bei Pinnularia, Navicula, Pleurosigma, Gomphonema, Mastogleia u. A. so deutlich ausgesprochen und leicht sichtbar findet. Namentlich ist diese Ansicht neuerdings von Prof. Max Schultze mit grosser Entschiedenheit aufgestellt worden, der dort das nackte Protoplasma mit der Aussenwelt in Wechselwirkung treten lässt. Sollte diese Ansicht begründet sein, so müsste die mikroskopische Beobachtung die Unterbrechung der Kieselhülle (man gestatte mir diesen der Kürze halber gebrauchten Ausdruck) sofort darthun, wenn man die von Welcker gegebenen Regeln für Erkenntniss der Reliefverhältnisse in Anwendung bringt. Hierbei zeigt sich aber ganz entschieden, dass die Nath nicht eine Durchbrechung, sondern gerade eine Verdickung der Seitenflächen bildet. Sowohl bei den grösseren Pinnularien, als bei den Naviculaarten, bei den Pleurosigmen u. s. w. zeigt die in Rede stehende Stelle der Zellhülle stets ihren höchsten Glanz beim Heben des Tubus, wie es auch die verdickten Seitenränder thun. Sehr deutlich lässt sich dies namentlich bei Pinnularia nobilis: major und viridis, ebenso bei der als Navicula Amici bekannten Navicula rhomboides, bei Frustulia saxonica u. s. w. beobachten. Hier zeigt sich dann auch auf das deutlichste, dass seitlich der Nath die Zellhülle jederseits einen mehr oder minder breiten verdünnten Längsstreifen besitzt, der seinerseits wieder von stärker verdickten Rändern begrenzt wird. Durchbrochen ist die Zellhülle aber auch hier nicht vollständig, wie man sich leicht an gespaltenen Exemplaren überzeugen kann. Eine Bestätigung dieser so zu sagen optischen Reaction liefert auch das von Professor Baily (Sill, Journal Bd. II. pag. 349) beobachtete Verhalten der Mittelrippe u. s. w. gegen Kieselfluorwasserstoffsäure, welcher dieselbe weit länger widersteht, wie die minder verdickten Stellen. Dass indessen an diesen zur Seite der Mittelrippe liegenden Stellen der

Austausch zwischen dem Zellinnern und der umgebenden Flüssigkeit lebhafter sei als an andern Stellen, oder dass er in höherem
Alter und bei stärkerer Kieseleinlagerung auf diese Stellen geradezu
beschränkt sei, lässt sich schon der Analogie nach vermuthen,
indem wir hier wohl ein ähnliches Verhältniss vor uns haben,
wie bei den geschlossenen Poren der Zellhülle unserer höheren
Gewächse. Es lässt sich sonach die Beobachtung von Max Schulze
ganz gut mit der Thatsache vereinigen, dass die Zellhülle eine ge-
schlossene Kapsel bildet; und zwar ist dies um so eher möglich,
als die Beobachtung lehrt, dass niemals Farbkörperchen in das
Innere der Zelle dringen, was doch wohl dann angenommen
werden müsste, wenn das nackte Protoplasma im Sinne der neueren
Zellentheorie offen zu Tage läge. Dass übrigens die Zellhülle der
Diatomeen derjenigen unserer höheren Gewächse nicht so fern
stehen, beweist auch die feinere Reaction derselben. Dass sich
hie und da verschiedene Schichten wahrnehmen lassen, wurde
schon oben erwähnt. Es bleibt uns also nur noch dasjenige Er-
zeugniss des Zellenlebens zu betrachten, welches den spiral-
netzförmigen und anderen Verdickungsformen der Zellstoffhülle
entspricht. Ich meine die sogenannte Sculptur der Kieselschalen,
welche mannigfaltige Zeichnungen darbietet.

Wenden wir uns zuerst zu den wirklich gestreiften Diatomeen!

Bei manchen Gattungen und Arten mit gröbrer Zeichnung
und hierher sind namentlich manche Pinnularien, wie nobilis,
major, viridis, Dactylus u. A. zu rechnen, treten einfach streifen-
förmige Verdickungen auf (fig. 11, T. I), welche vom Raude nach
der Mittelrippe verlaufen und an den verdünnten Stellen zu deren
Seiten abbrechen. Bei den Eunotien und Epythemien, ebenso bei
den Gattungen Cymbella, Encyonema zeigen diese mit unverdickten Stellen wechselnde Streifen regelmässige knotige Anschwellungen, oder es bestehen dieselben, worüber ich noch nicht ganz

im Reinen bin, aus halbkugeligen, vielleicht auch aus schiefge-
stellten prismatischen Körperchen (fig. 12, T. I). Um sich von deren
Natur zu überzeugen, bietet die Welcker'sche Regel wieder das
beste Mittel. Man wird dabei finden, dass die dunkeln schmalen
Streifen die entschieden structurlose verdünnten Stellen der Zellhülle bilden, während die helleren Zwischenräume von den einfach verdickten oder anscheinend knotigen Partieen herrühren.
Ebenso wird man die knotigen Anschwellungen leicht erkennen.
Dass hier durchaus keine derartige Skulptur vorhanden ist, wie
dieselbe bei den Naviculen oder den Pleurosigmen u. s. w. auftritt
und welche ebenfalls flüchtig gesehen den Eindruck der Streifung macht, darüber belehrt die Beobachtung mit schief auffallendem
Lichte mit Sicherheit. Man wird z. B. bei den Epythemien, wie,
bei den genannten Pinnularien niemals zusammenhängende Längsstreifen zu entwickeln im Stande sein. Immer bleibt der Eindruck der Querstreifen vorwaltend und nur die den Lichtquellen
zugekehrten Seiten der Knoten erscheinen dunkler, so dass selbst
da, wo der Eindruck von Längszeichnung auftritt, diese entsprechend in den verdünnten Stellen — zwischen den Streifen —
unterbrochen erscheint.

An diese gröber gestreiften Diatomeen schliessen sich die feiner
gestreiften Synedren, Nitzschien, Fragilarien an. Hier begegnen
wir überall scheinbaren, zur Längsachse der Zelle senkrecht gestellten Streifen, sogenannte Querstreifen, welche bei den gröber
gezeichneten Arten wie knotig verdickt oder punktirt aussehen.
Am genauesten überzeugt man sich von den hier waltenden Struk-
turverhältnissen durch die Beobachtung der gröberen und mittel-
stark gestreiften Synedraarten. Anwendung von schiefem Lichte
gibt sofort die Ueberzeugung, dass wir es hier nicht mit der bei der
vorigen Gattung beschriebenen Zeichnung zu thun haben. Ebenso
bestätigt dies die Beobachtung auch der nicht allzufein gestreiften
Arten bei Anwendung der stärksten und besten heutigen Objectiv-

systeme. Hier tritt z. B. bei Synedra Ulna eine ganz entschieden
schachbrettartige Zeichnung hervor und zwar mit zur Achse schiefer Stellung der Felder (fig. 13, T. II).

Es scheint, dass hier die prismatischen Körperchen, welche
bei Epithemia noch durch unverdickte Streifen der Zellhülle ge-
trennt wurden, völlig zusammengerückt und Skulpturverhältnisse
hervorgerufen sind, wie wir sie weiter unten näher berühren werden.

Eine andere Reihe der Diatomeen, wozu namentlich verschiedene Gattungen aus der Familie der Melosireen (Coscinodiscus u. s. w.) und der Bidulphieen (Bidulphia, Triceratium) gehören, zeigen sechsseitige Areolen. Ueber die wahre Natur dieser
Zeichnung herrschen verschiedene Ansichten.

Manche Forscher, welche sich eingehend mit dem Studium
der Diatomeen beschäftigt haben, halten die Areolen selbst für
Vertiefungen, deren Grenzen aber für verdickte Stellen der
Kieselhülle, während andere die entgegengesetzte Ansicht
vertreten, die Areolen selbst für Erhabenheiten, die Grenz-
linie aber für die dazwischen liegenden unverdickten Stellen
erklären.

Unter den englischen Mikroskopikern sind es vorzüglich Dr.
J. W. Griffith (Proceedings of Roy. Soc. 1855) und Carpenter
(The Microscop etc. 2. Aufl. pag. 277), welche die erstere Ansicht
vertreten, und zwar begründen diese Forscher das Vorhandensein
von rundlichen oder mehr minder polygonalen Vertiefungen, theils
durch das Verhalten unter Druck brechender Kieselschalen, theils
(Carpenter) durch das Verhalten gegen das Licht. In ersterer Beziehung behaupten beide, dass der Bruch immer den Reihen der Areolen
folge, niemals denen der wallartigen Erhebungen, was doch der Fall
sein müsse, wenn diese verdünnte Stellen der Schale wären. In Bezug
auf das Verhalten gegen durchfallendes Licht sagt Carpenter, dass
bei Beleuchtung mittelst der sogenannten Black-ground-illumina-
tion, wobei durch sehr schiefen Einfall der Stralenbündel das Ge-

sichtsfeld dunkel, die Objekte gleichsam selbstleuchtend erscheinen, die Areolen minder stark leuchteten, als der dazwischen liegende Raum, und dass dies davon herrühre, weil jene vermöge ihrer geringen Masse weniger Einfluss auf den Gang der Lichtstrahlen ausübten.

Unter den deutschen Forschern hat sich namentlich Professor Max Schultze eingehender mit diesen Skulpturverhältnissen beschäftigt und ist auf Grund des optischen Verhaltens, worauf wir gleich zurückkommen werden, der von den genannten englischen Forschern vertretenen Ansicht beigetreten.

Die entgegengesetzte Ansicht wird namentlich von den Engländern G. Hunt (Journal of Microscopical science 1855 pag. 174) und Wenham (Journal of microscopical science pag. 244 u. f.) vertreten. Hunt gründet seine Ansicht auf das Verhalten befeuchteter Schalen von Pleurosigma, von denen durch langsame Erwärmung die Feuchtigkeit allmälig abdunstet. An befeuchteten Pleurosigmaschalen fand er die Zeichnung fast verschwunden, während sie an den trocken gewordenen Stellen, die stets von graden den Richtungen der Punktreihen parallelen Linien begrenzt wurden, wieder deutlich hervortrat. Er argumentirt nun: „Mir erscheint nur das Phänomen bei der Voraussetzung, dass die Punkte kleine Erhebungen seien, leicht erklärbar aus dem Gesetze der Haarröhrchenanziehung. Wir können uns leicht vorstellen, wie hiernach die Feuchtigkeit sich von einer Punktreihe zur andern hinzieht und daran haftet. Dabei wird dieselbe immer eine gewisse Neigung haben, sich in Reihen zu ordnen, welche den Richtungen der beiden Punktreihen parallel laufen. Ich würde nicht im Stande sein mir zu denken, wie dieses Gesetz Anwendung finden könnte bei der Annahme, dass die Punkte Vertiefungen seien, noch sehe ich ein, nach welchem andern Naturgesetze diese Erscheinung zu erklären sein würde."

Für die Kieselschalen mit gröberer Zeichnung will

Wenham aus dem optischen Verhalten mit Sicherheit die Areolen als Erhabenheiten erkannt haben. Für die feiner gezeichneten suchte er sich galvanische Abdrücke zu verschaffen und will bei diesen gefunden haben, dass die Areolen als Vertiefungen, die Grenzen derselben aber als Erhöhungen zu Tage getreten seien. Inwieweit die eine oder die andere der beiden Ansichten berechtigt ist, kann nur das optische Verhalten bei durchfallendem Lichte lehren, wie dies denn auch von Professor Max Schultze herangezogen worden ist, indem er die Welck'sche Einstellregel als entscheidend betrachtete, wie dies der Natur der Sache nach auch sein muss. Bei den einschlägigen Beobachtungen ist aber wohl darauf zu achten, ob das Objekt trocken, in einer wässrigen Flüssigkeit oder in Canadabalsam eingelegt ist, indem nämlich im letzteren Falle das Brechungsvermögen des Einhüllungsmittels dasjenige der amorphen Kieselsäure überwiegt. (Der Brechungsexponent des Canadabalsams beträgt nämlich nach Beer (Einleitung in die höhere Optik I) 1,549, während jene der amorphen Kieselsäure bei Opal = 1,479 im Hyalith = 1,421 ist), wird das Verhältniss gegen das des ersteren Falles ein umgekehrtes.

Beobachtet man eine Schale der gröber gezeichneten Coscinodiscusarten, welche trocken aufbewahrt oder von einer wasserigen Flüssigkeit umhüllt sind (ich benützte in Liquor conservatoire aufbewahrte Coscinodiscusarten, welche ich von Hrn. Prof. M. Schulze erhalten hatte), so zeigen die Areolen beim Senken des Tubus den höchsten Glanz, während die Grenzwälle dunkel erscheinen. Hebt man dann den Tubus, so tritt das umgekehrte Verhalten ein, die Grenzwälle erscheinen röthlich glänzend während die Areolen dunkel erscheinen. In Canadabalsam aufbewahrte Coscinodiscusarten, Triceratium u. dgl. zeigten das entgegengesetzte Verhalten der vorgenannten Präparate d. h. die Areolen erglänzten beim Heben des Tubus stärker, während die Umwallung dunkel wurde und umgekehrt beim Senken des

Tubus. Es bleibt sonach über die Natur der Areolen wie ihrer Umgrenzung kein Zweifel mehr. Die ersten sind Vertiefungen der Kieselschale oder verdünnte Stellen, die letzteren dagegen wallartige Erhebungen.

Gehen wir jetzt zu den feiner gezeichneten Diatomeen z. B. den Navicula- und Plaurosigma-arten dann zu den feiner gezeichneten Pinnularien (die offenbar zu Navicula zu ziehen sind) über, bei denen wir ähnlich gestaltete Areolen antreffen wie bei den eben betrachteten, so wird die Entscheidung, da wir nicht aus der Sculptur der gröber gezeichneten Gattungen, wie dies einzelne Forscher thun, unmittelbar jene der feinen und scheinbar ähnlich gezeichneten erschliesen dürfen, insofern schwieriger, als das bei diesen in Betracht gezogene optische Verhalten keinesweges mehr die Sicherheit der Entscheidung in dem Umfange gewährt, welche zu wünschen wäre. Zwar hat Prof. Max Schultze auch die Zeichnung von den Pleurosigmaarten u. s. w. durch die optische Reaction zu bestimmen und auf die gleichen Verhältnisse wie bei den Coscinodiscen u. s. w. zurückzuführen gesucht; allein ich muss gestehen, dass es mir nicht gelingen wollte mit Sicherheit dieselben Erscheinungen festzustellen, welche sich bei den gröber gezeichneten Kieselschalen mit Leichtigkeit ergeben. So ist es denn auch erklärlich, dass über diese Zeichnung verschiedene Meinungen herrschen und sich geltend zu machen suchen. Die ältere Ansicht, dass die Areolen nur scheinbar und entweder durch 2 sich rechtwinklig kreuzende (Pleurosigma attennatum, balticum, scalpellum, Spenceri, lacustre u. s. w.) oder durch 3 sich unter schiefen Winkel schneidende Streifensystemen hervorgerufen seien, darf wohl als beseitigt betrachtet werden, da die besten neueren Linsen sofort im Stande sind, diesen Irrthum zu beseitigen. Gewichtiger ist die von Prof. Schiff in Florenz, (Max Schulze's Archiv für microscopische Anatomie Bd. II. Heft 2—3 Seite 287 in fig. Taf. XVI und Bd. III. Heft 1 Seite 87) vertretene Ansicht, welche die bisher feststehende, dass wir es hier mit analogen Sculpturverhältnissen zu thun haben, wie bei Coscinodiscus u. s. w. zu beseitigen sucht. Wir werden dieselbe daher eingehender zu betrachten und zu prüfen haben.

Nach diesem Forscher, der seine Untersuchungen mit den besten Amici'schen Systemen angestellt hat, wird die Zeichnung auf den Kieselschalen der Pleurosigmen und Grammatophoren durch (wohl der Schale aufgelagerte?) dreikantige Prismen hervorgerufen. Bei denjenigen Pleurosigmen, welche Schiff nach dem Vorgange von Hassal als eine eigene Gattung Gyrosigma von Pleurosigma abzweigt, wie attenuatum, balticum, Spenceri, lacustre und andere, wo man bisher Quer- und Längsstreifen beschrieben hat, oder wo in die Quere gezogen Sechsecke erscheinen, wie ich sie in meinem „Mikroscop" abgebildet habe (fig. 14, T. II), sollen diese Prismen derart gestellt sein, dass ihre Längsachse unter einem Winkel von 45° gegen die Längsachse der Kieselschale respective die Mittelrippe gerichtet sei (fig. 13, T. II). Bei den eigentlichen Pleurosigmen, wie Pleurosigma angulatum, elongatum u. a. dagegen, wo man bisher sich unter schiefem Winkel schneidende Streifensystem beschrieben und wo Max Schultze, Carpenter u. A. sechsseitige, von wallartigen Erhebungen umgrenzte Vertiefungen angenommen haben, sollen diese Prismen ebenso wie bei den Grammatophorenarten mit ihren Längsachsen der Mittelrippe parallel gestellt sein (fig. 15, T. II). Dieses Structurverhältniss wird von Schiff aus dem optischen Verhalten der betreffenden Kieselschalen bei gerade und schief einfallendem Lichte erschlossen.

Bei ersterer Beobachtungsweise sollen die dunkeln und hellen Vierecke deutlich hervortreten, und nur bei ungenügender Einstellung durch Irradiation hervorgerufene verdickt erscheinende Liniensysteme oder einzelne knotig reihweise geordnete Punkte auftreten. Bei schiefer Beleuchtung dagegen sollen die fig. II, III, IV u. VI der betreffenden Tafel dargestellten Zeichnungen hervortreten, je nachdem die ersten senkrecht zur Mittelrippe, parallel zur Mittelrippe oder senkrecht zur Längsachse der Prismen gegen letztere gerichtet ist.

Ich muss nun zugeben, dass man bei ganz gerade einfallendem Lichte bei starker Vergrösserung und gewisser Einstellung auf den gröber gezeichneten Arten namentlich bei Pl. balticum, attennatum etc. die Schiff'schen dunkelen und hellen Vierecken also eine der auf Synedra vorkommenden entschieden ähnliche Zeichnung sieht. Anders verhält sich die Sache bei schwächerer Vergrösserung oder bei anderer Einstellung. Dabei bleiben die weissen Felder an Grösse gegen die dunkelen überwiegend, so dass das Bild nicht sowohl der Schiff'schen Darstellung als annähernd der schon in meinem Mikroskop 1ter Band von mir gegebenen Zeichnung entspricht. Ich gebe hier dieselbe unter stärkerer Vergrösserung von etwa 2800 wieder und zwar — soviel dies möglich ist — unter genauester Festhaltung der Grössenverhältnisse, welche bei der früher zur Darstellung des Verhältnisses im allgemeinen bestimmten Zeichnung nicht so genügend berücksichtigt waren. Diese Zeichnung des Pleurosigma attennatum erklärt sich nun allerdings, wenn man Sechsecke annimmt, welche etwas in die Länge gezogen mit den, durch die kürzeren Seiten gebildeten Winkeln ineinanderstecken. Die wallartige Umgrenzung bliebe dabei allseitig die gleiche wie bei den Coscinodiscen, während die zwischen je vier zusammenstehenden Sechsecken bleibende Zwischenräume gleichfalls als stärker verdickten Stellen aufträten. Mit diesen Annahmen stimmte auch sonst das Verhalten der sich rechtwinklig schneidenden stellenweit verdickten Quer- und Längslinie ganz wol. Erstere erscheinen nämlich unter allen Umständen schwächer gezeichnet, als die letzteren und dies ist natürlich da bei ihnen die rhombischen dunkeln Stellen der Zeichnung viel weiter auseinandergerückt und durch die wallartigen längeren Seiten der Sechsecke mit einander verbunden

erscheinen, während dieselben in diesen dicht aneinander ge-
rückt sind.

Ein ähnliches Resultat liefert die mikroscopische Massbe-
stimmung. Es gehen nämlich, nach einer mit grosser Sorgfalt
ausgeführter Bestimmung, bei Pleurosigma (Gyrosigma) balticum
von den Längslinien 10—11 auf 0,01 Mm., während von den
Querlinien 14—15 auf gleichem Raume erscheinen.

Was die Ansichten bei schief einfallendem Lichte betrifft,
so kann ich die Schatten durchaus nicht in der Art fallen sehen,
wie es in den Figuren II und III des Aufsatzes von Prof. Schiff
dargestellt ist; noch weniger vermochte ich bis jetzt die in
Fig. IV dargestellten schiefen Linien hervorzubringen. Es macht
sich vielmehr bei unter einem Winkel von 45° gegen die scheinbaren Streifensystemen einfallendem, sehr schiefem Licht immer der
Eindruck von schief verlaufenden schmalen hellen und breiten
dunkeln Streifen geltend. Es lassen sich hier also in der That
durch verschiedene Einstellungen, verschiedene Ansichten gewinnen,
von denen die eine auf optischer Täuschung beruhen muss. Nun
hat für mich die Schiff'sche Darstellung umsomehr Ueberzeugungs-
kraft, als diese Zeichnung bei Synedra unzweifelhaft ist und als
die (durch Irradiationserscheinung hervorgerufenen) Sechsecke
dann auch die Entfernungen der scheinbaren Streifen in der an-
gegebenen Weise modifizirt erscheinen lassen müssen, während
sonst Quer- und Längsstreifen gleiche Entfernung besitzen müssten.
Ein bestimmtes Urtheil möchte ich indessen vorläufig noch nicht
abgeben. Der Abschluss einer Reihe in dieser Richtung eben —
mittelst eines starken Objectivsystemes — begonnenen Untersuchungen wird mir in nächster Zeit an anderem Orte eine bestimmte Entscheidung für oder wider wohl gestatten.

Bei der anderen Reihe der Pleurosigmen, wird die Aufrecht-
erhaltung der Schiff'schen Ansicht bedeutend mehr erschwert,
als bei der vorigen Gruppe. Es liessen sich schief durchkreu-

zende Streifensysteme allerdings aus der Annahme des Vorhanden-
seins von, der Mittelrippe der Pleurosigmen oder dem Rande
der Gramataphora .parallel gestellten oder senkrecht gegen diese
gerichteten, gleich grossen, abwechselnd hellen u. dunklen Vierecken
erklären, wie schon aus der beigegebenen Figur hervorgeht. Allein
hier tritt das Bild bei Pleurosigma nach meinen vergleichenden Beobachtungen in dieser Art nicht auf, indem die schiefen Streifensysteme sich durchaus nicht unter Winkeln von 90^0, sondern unter solchen von 60 oder nahezu 60^0 schneiden. In dieser Beziehung ist nun aber eine Täuschung in Folge von Irradiationser-
scheinungen und damit auch die Möglichkeit des Auftretens von
g l e i c h g r o s s e n abwechselnd hellen und dunkeln Vierecken
ausgeschlossen. Dieser Umstand, sowie die mittelst der Mikrophotographie gewonnenen Bilder mögen denn auch der Grund
sein, dass man von einer Seite (Frey das Mikroskop 3. Aufl.) der
Schiff'schen Ansicht schon Widerspruch entgegengesetzt hat.
Und in der That scheint sich auch in anderen Beziehungen das
mikroskopische Bild schlechter mit derselben zu vertragen, als
bei der ersten Reihe d. h. bei den als Gyrosigma ausgeschiede-
nen Pleurogimaarten. Sehen wir uns daher dieses Bild, wie wir
es bisher mittelst der uns zu Gebote stehenden Vergrösserungen
gewonnen haben, wie es uns ausserdem die Mikrophotographie
wiedergibt, etwas näher an. Zunächst erscheinen in demselben
die hellen Felder oder Areolen bei centrischer Beleuchtung an
Raum den dunklen, sie begrenzenden Erhebungen, welche sich
in Form von nach drei Richtungen verlaufenden zickzackförmigen
gleichen Liniensysteme darstellen, so sehr überlegen, dass man
eine gleiche Vertheilung der den Gang der Lichtstrahlen in verschiedener Weise beeinflussende Oberflächentheile nur schwer annehmen kann. Da man wohl kaum einmal die von Schiff in den Figuren 1—11 Tafel XVI gezeichneten Verzerrung der Vierecke
wahrzunehmen im Stande ist, die Linien ausserdem so vollständig

2 *

den Eindruck machen wie die dunkeln Linien der bezüglichen Figur, welche das Bild der Oberflächenstruktur von Pleurosigma bei etwa 3000 facher Vergrösserung darstellt, und da dabei die Sechsecke so ganz entschieden als solche auftreten, so kann man sich auch aus diesen Gründen der Ansicht von Prof. Schiff kaum ohne Bedenken anschliessen und eine gleiche Vertheilung der den Gang der Lichtstrahlen in verschiedener Weise beeinflussenden Oberflächentheile nur schwer annehmen.

Noch mehr aber spricht gegen dieselbe — wenigstens anscheinend — das Verhalten der Pleurosigma bei schiefem Lichte. Leitet man das schiefe Licht so gegen die Pleurosigmaschalen, dass dasselbe die Mittelrippe paralell streift, so treten, ohne dass das Bild der sechsseitigen Areolirung ganz verloren ginge, an Schärfe überwiegende zickzackförmig gebrochene Querstreifen auf, welche senkrecht gegen jene verlaufen und welche man sich kaum als durch die von Prof. Schiff dargestellten Irradiationsbildchen hervorgegangen denken kann, da sie entschieden anders zur Anschauung kommen, wie diese.

Betrachtet man ausserdem das Verhältniss der Entfernungen der scheinbar schief sich kreuzenden und der Querstreifen, so liefert dasselbe ebenfalls eine das Vorhandensein von Sechsecken bestätigende Thatsache. Es erscheinen nämlich die schief sich kreuzende Streifensysteme mehr aneinander genähert, als die Querstreifen und zwar in dem Verhältniss, dass auf den gleichen Raum auf dem sich 10 Querstreifen befinden 11—11,5 schiefe Streifen auftreten.

Ein ähnliches Verhältniss tritt bei den Grommatophoraarten bei den genannten Beleuchtungsarten auf; nur dass hier die Querstreifen, d. h. die senkrecht gegen den Längsrand verlaufenden Streifen entschieden schärfer ins Auge treten, wie die sich unten schiefen Winkel schneidenden, nur bei gewissem Lichteinfall und bestimmter Einstellung und dann in entschieden anderer Weise, als bei Pleurosigma angulatum hervortretenden Streifensysteme.

Mit der von Prof. Schiff neuerdings gegebenen figürlichen Darstellung der Skulpturverhältnisse dieser Gattung (Max Schultze's Archiv für mikroskopische Anatomie pag. 81 u. f.) liesse sich aber dieses Verhalten am allerwenigsten vereinigen. Dagegen wird es eher erklärbar, wenn wir auch hier wie bei Pleurosigma balticum und attenuatum Quadrate annehmen, deren Seiten schief gegen die Längskanten der Kieselschale gestellt sind.

Sprechen alle diese Beobachtungsresultate nun auch gegen Schiff und für die uns geläufige Anschauungsweise der Skulptur der letztgenannten Diatomeen, so dürfen wir doch nicht unbedingt die Ansicht des genannten einsichtigen Forschers verwerfen und müssen näher prüfen. Hier zeigt sich denn allerdings, dass wenn wir Pleurosigma bei starker Vergrösserung und bestimmter Einstellung, sowie bei senkrecht gegen die Mittelrippe einfallender excentrischer Beleuchtung beobachten, auf derselben abwechselnd helle und dunkle Vierecke auftreten. Diese bilden aber nicht Quadrate sondern Rechtecke und es könnten dieselben demgemäss auch wol Veranlassung zum Auftreten unter schiefem Winkel sich schneidender scheinbarer Liniensysteme geben. Hiemit wäre denn der erste Einwand wol zu beseitigen und es hätte Prof. Schiff nur insofern Unrecht, als er die wirkliche Gestalt der Vierecke unrichtig bestimmte.

Die übrigen Einwände, welche sich aus dem mikroskopischen Bilde ergeben, dürften im Ganzen nicht von bedeutenderem Gewichte sein, als dies bei den andern Pleurosigmaarten der Fall ist, indem sich unter gewissen Bedingungen, d. h. bei bestimmtem Grössenverhältnisse und bei etwas starker Markirung der zur Längsachse der Kieselschale senkrechten Seiten der Vierecke, ganz deutliche regelmässige Sechsecke durch Jrradiationserscheinungen hervorrufen lassen. Ob die photographischen Bilder Beweiskraft haben, erscheint mir zunächst noch zweifelhaft.

Eine andre Frage ist es, ob die betreffenden Vierecke, wenn sie vorhanden sind, durch dreikantige Prismen hervorgerufen werden. Wahrscheinlich werden wir auf andere, den Krystallisationsformen des Quarzes näher stehenden Körperchen geführt werden.

Wir werden also vorderhand die Uebereinstimmung in der Oberflächenskulptur der Coscinodiscen u. s. w. und der nicht mit wirklich streifenartiger Verdickung ausgestatteten Kieselschalen insolange noch nicht für ausgemacht festhalten dürfen, als nicht correspondirende, mittelst geeigneten Vergrösserungen und ausgezeichneten Objektivsystemen ausgeführte Beobachtungen eine Widerlegung der gewichtigen Ansicht Schiffs gestatten. Nach meinem eigenen Dafürhalten, welches sich auf die Seite 18 erwähnten begonnenen Beobachtungen, wie auf die Struktur der Synedraschalen gründet, dürften solche aber eher eine Bestägigung zu constatiren haben.

Die Theilung und das Wachsthum der Zellen.

Die Theilung der Diatomeenzelle erfolgt ganz in derselben Weise, wie dies bei den übrigen Pflanzenzellen der Fall ist. Wie dort so geht auch hier die Theilung von der Zellhaut aus und wird von dieser im Verlaufe der Theilung die Zellhülle ausgeschieden.

Die Theilung erfolgt immer in der Hauptfläche und zwar senkrecht auf die Längsachse (dass diese nicht immer die an Grösse überwiegende ist, braucht wol kaum bemerkt zu werden).

Je nach dem Baue der Hauptseiten im Verhältniss zu jenen der mehr flachen oder mehr gewölbten Nebenseiten treten bei der Theilung verschiedene Modifikationen auf, die indessen nicht im Wesen, sondern nur nach mehr untergeordneten Verhältnissen sich unterscheiden.

Betrachten wir zunächst einige Beispiele der Zelltheilung solcher Arten, bei denen die Nebenseiten nur schwach gewölbt oder nahezu eben sind.

Ein geeignetes Material liefern dazu die Navicula- und Pinnularia-, Grammataphora- Rhabdonemarten u. s. w.

Jch habe die Theilungsvorgänge bei sämmtlichen in dem Wasser und Schlamme der Creuznacher Soole beobachteten Naviculaarten, sowie der Amphora und Surirella beobachtet, beziehe mich aber hier lieber auf einige andere Arten, die mir in lebendem Zustande zu Gebote standen, weil hier alle Verhältnisse weit deutlicher hervortreten, wie bei den kleinen Zellen jener Arten. Es sind dies Pinnularia nobilis und Grammatophora marina, von denen die erstere direkt von ihrem Wohnorte entnommen, die letzte aber in Havre gesammelt und dann hier einige Zeit kultivirt wurde.

Beobachtet man eine grössere Anzahl von Pinnulariaindividuen, so trifft man leicht auf alle einander folgenden Theilungszustände. Die Jndividuen, welche zur Theilung gelangen, zeichnen sich von andern dadurch aus, dass sie etwa doppelte Breite der Schale erreicht haben und dass der braune Jnhalt sich von der Mitte aus mehr nach beiden Seiten zurückzieht und in der Mitte eine helle farblose Protoplasmaschichte zurücklässt, in welche der Kern, umgeben von feinkörnigem, farblosem Protoplosma, eingebettet erscheint. Im Vergleiche mit minder breiten, noch nicht zur Theilung befähigten Exemplaren hat sich der Kern in der Art vergrössert, dass sein in der Richtung der wahren Längsachse gelegener Durchmesser sich etwas verläugert hat und er nun eine mehr längliche Figur erhält. Soweit vorbereitet beginnt nun an den beiden kurzen Seiten der Hauptseite etwa in der Mitte derselben die Zellhaut sich in ähnlicher Weise einzufalten, wie dies bei Cladophora u. s. w. geschieht (fig. 18 A). Selten tritt jedoch hier ein merklicher Intercellularraum schon im

Anfauge der Einfaltung auf, so dass er nur in Form einer zarten
dem Rande der Schale aufgesetzten Linie erscheint. Erst nach
Anwendung wasserentziehender Reagentien spalten sich die beiden
Hautplatten (fig. 18 A). Sobald die Einfaltung etwas fortgeschritten
ist, beginnt schon die Abscheidung der jugendlichen Zellhülle, die
anfänglich höchst zart und noch keineswegs mit Kieselsäure im-
prägnirt und starr ist. Denn wendet man energischer wirkende
wasserentziehende Mittel wie Chlorzinkjodlösung, oder verdünnte
Schwefelsäure an, so ziehen sich die beiden Zellplättchen sammt
der Zellhaut und dem Inhalte zusammen, indem sie dessen Bestand-
theilen meist innig angeschmiegt bleiben. Nachdem die Einschnürung vollendet und über die ganze Fläche der beiden Tochterzellen
die Zellhülle abgeschieden ist, bemerkt man die ganze Mutterzelle
von einer aus einer Doppelplatte gebildeten Scheidewand durch-
setzt, die nun an ihren beiden Enden erst einen kleineren, dann
einen stärkeren Intercellularraum wahrnehmen lässt, dessen
Seiten nicht gerade, sondern etwas gewölbt erscheinen, so dass
sie schon die spätere Form der Zellhülle an dieser Stelle nach-
ahmen (fig. 18 B). Jetzt lassen sich auch die beiden fertigen
Tochterzellen im Ganzen von der Zellhülle zurückziehen, wenn
man die geeigneten Mittel anwendet. In Bezug auf das Verhalten
der Mutterzelle tritt nun ein etwas verschiedenes Verhalten ein.
Bei manchen tritt schon bald nach der Vollendung der Theilung
ein Zerfallen durch einen der Mittellinie folgenden Riss ein. Bei
anderen verharrt die Mutterzellhülle unverletzt noch längere Zeit
während des Wachsthums der Tochterzellen und ist dann veranlasst sich dem Wachsthum der ersteren entsprechend auszudehnen.
Dieser Fall kömmt indessen soweit meine Beobachtungen reichen,
seltner vor als der erstere, wo die Tochterzelle einseitig frei ge-
worden ihr Wachsthum vollendet.

Das Verhalten des Kernes während der Theilung ist ganz
analog demjenigen, welches sich auch bei den übrigen Zellthei-

lungen beobachten lässt. Mit der Einfallung der Zellhaut beginnt auch die Einschnürung desselben und es schreitet dessen Theilung in der Weise fort, dass er schon vor Vollendung der beiden Tochterzellen in zwei Tochterzellkerne verfallen ist. Von dem Kerne geht also hier der Impuls zur Theilung durchaus nicht aus. Ebensowenig aber verhält sich derselbe rein leidend, wie diess z. B. von Lüders (Botanische Zeitung 1862 pag. 49) hervorgehoben wird. Es ist keineswegs die vordringende Zellhautfalte, welche denselben gleichsam durchschneidet. Die Kerntheilung erfolgt einzig in diesem Elemente und in Folge der mit ihm thätigen Vorgänge.

Bei Grammatophora, welche ein zur Beobachtung sehr geeignetes Objekt bildet, geht die Theilung wesentlich in derselben Weise vor sich, wie bei Pinnularia. Zuerst entsteht die Hautfalte, über der sich mit deren allmäligem Fortschreiten nach Innen die Tochterzellhülle abscheidet, wie über dem ganzen Umfang der jungen Zelle. Es lassen sich bei dieser Art alle jene Entwicklungsstufen auffinden, welche man bei Pinnularia beobachten kann. Das Verhalten der Mutterzellhülle ist aber hier ein wesentlich anderes. In allen Fällen, welche ich der Beobachtung unterworfen habe, blieb diese nämlich stets so lange erhalten, bis die beiden Tochterzellen ihr Wachsthum vollendet und sich vollständig zur Form der Mutterzelle ausgebildet hatten. Dieselbe müsste dabei eine entschiedene Dehnung erfahren, indem sich die beiden Tochterzellen meist um mindestens ein Drittheil des Durchmessers verbreiterten, den sie unmittelbar nach Vollendung der Theilung besassen. Dieser Vorgang der Dehnung der Mutterzellhülle tritt denn auch bei der Beobachtung der verschiedenen Wachsthumszustände ganz entschieden hervor und kann ich mich im Hinweise auf die beigegebenen Figuren jeden weiteren Wortes darüber entheben.

Die Kieselschale kann also, auch aus diesem Gesichtspunkte

betrachtet, keine reine unorganische Ausscheidung über der Zellhaut oder Zellhülle sein. Wir müssen vielmehr annehmen, dass dieselbe aus einer ähnlichen Substanz aufgebaut sei, wie die Zellhülle der übrigen Gewächse und dass die Kieselerde nur in diese Substanz im Verlaufe des Lebens und in vielleicht mit dem Alter der Zellen zunehmendem Verhältnisse eingelagert wird. Erst nach der Zerstörung dieser Substanz bleibt das starre Kieselskelett zurück.

Betrachten wir die Entwicklung der jungen Zellen mit Aufmerksamkeit, so tritt uns ein Umstand dabei entgegen, auf den ich die Aufmerksamkeit hinzulenken nicht versäumen möchte. Derselbe macht sich namentlich überall da auf das überraschendste geltend, wo die Hauptseiten der in ihrer Entwicklung beobachteten Arten irgend ein den Mutterzellen, d. h. der betreffenden Art, eigenes Skulpturverhältniss der Oberfläche erkennen lassen. Ich berufe mich daher auch in dieser Richtung am liebsten auf Grammatophora, wo die geraden, schwächeren und die eigenthümlich gebogenen, stärkeren zu beiden Seiten auftretenden, bis nahe in die Mitte der Zellhülle reichenden Leisten, sowie die zwischen dem Rande und den geraden Leisten deutlicher sichtbaren Querstreifen einen trefflichen Anhaltepunkt gewähren. Nach der Vollendung der Theilung ist an den aneinander zugewendeten Seiten der Tochterzellen noch keine Spur der geraden Streifen noch der Wellenlinien zu bemerken. Erst an noch weiter in ihrer Ausbildung fortgeschrittenen Tochterzellen tritt die Andeutung der geraden Leisten auf und zwar in der für die Zukunft bleibenden Entfernung von dem Rande, der schon früher seine volle Verdickung erreicht hat. Von den Querstreifen ist auf solchen Exemplaren noch nichts zu sehen. Der Zellhülltheil mit und ohne Rand und geraden Linien ist noch vollständig glatt. In weiter fortgeschrittenen Wachsthumszuständen, hat die Breite der Tochterzellen etwas zugenommen und zwar hat sich

die Partie der Zellhülle etwas verbreitert, welche von den Leisten
aus nach Innen liegt. Letztere treten jetzt voll in die Erscheinung und von den gebogenen Leisten tritt die erste Andeutung
an den Endkanten hervor. Jetzt erst nimmt man auch die feinen
Querlinien wahr und es scheint somit der Raum zwischen Rand und
geraden Leisten seine volle Ausbildung erreicht zu haben. Indem
nun die beiden Hälften der Tochterzellen sich mehr und mehr
ihrer vollen Symmetrie in Bezug auf die Ausmessung nach der
Hauptachse nähern, tritt die Wellenlinie immer deutlicher hervor
und sobald sie ihre volle Stärke erreicht und damit jede Zelle
ihre normale Grösse erlangt hat, erscheinen auch die Querstreifen
innerhalb derselben.

Ganz ähnlich verhalten sich alle ähnlich gebauten Diatomeen,
namentlich auch die Pinnulariaarten in Bezug auf die Ausbildung
des mittleren Knotens der jugendlichen Endfläche, dann die Rhab-
donamearten, bei denen wir gelegentlich der näheren Betrachtung
des Wachsthums darauf zurückkommen werden.

Während dieser Vorgänge in der einen Hälfte der Tochterzellen verharren die beiden andern, von einander abgewendeten
Hälften dieser letzteren in Bezug auf die Skulpturverhältnisse der
Oberfläche ganz in dem Zustande der Mutterzelle vor der Theilung. Es gewinnt demnach den Anschein, als ob die Tochterzellen nur eine theilweise Verjüngung der Mutterzellen bildeten,
d. h. als ob die beiden durch den Theilungsprozess getrennten
Hälften der letzteren als integrirende Bestandtheile der Theil-
zellen bestehen blieben, während diese sich nur nach einer
Seite hin neu entwickelten. Diess wäre nun allerdings ein Unter-
schied zwischen der Zellvermehrung der Diatomeen und jener der
höheren Gewächse, wo die Tochterzellhülle in ihrem ganzen Umfange neu gebildet wird, während die Mutterzellhülle entweder
untergeht oder noch kürzere oder längere Zeit als wohl unter-
schiedene Aussenumhüllung oder Scheide bestehen bleibt. Doch

wäre es immerhin möglich, dass unter der Mutterzellhülle und an gleicher Stelle sich die gleichen Skulpturverhältnisse in der Tochterzellhülle heranbilden, während die erstere nach und nach und für die Beobachtung unmerkbar zerstört wird. Wenigstens scheinen mir einige Vorkommnisse hiefür zu sprechen, indem sich hie und da von den Rändern der Tochterzellen eine dünne Schale abhebt und dadurch namentlich da deutlich wird, wo ein Bruch dieser letzteren stattfindet. Ich fühle mich indessen keineswegs berechtigt in dieser Beziehung eine ganz bestimmte Ansicht auszusprechen und will die Aufhellung dieses Verhältnisses späteren Untersuchungen überlassen und zwar umsomehr als ich, mit andern Beobachtungen beschäftigt, nicht selbst die nöthige Zeit darauf zu verwenden im Stande bin.

Für die Zelltheilung der zweiten Modifikation, wo die beiden Tochterzellen, wenigstens kurz nach Vollendung der Theilung, nicht den ganzen Raum der Mutterzellen ausfüllen, bieten namentlich einzelne Melosiraarten ein treffliches Beobachtungsmaterial unter andern, die in den Salinenwässern von Münster und Creuznach so häufig auftretende Melosira nummuloides (Dillw.) und salina (Kützing).

Bevor die Zellen sich in der Achse auszudehnen beginnen, befreien sich dieselben aus der von der früheren Theilung her noch vorhandenen, bekanntlich bis etwa zur Mitte jeder Zelle reichenden Scheide (dem ehemaligen Ringe) und es dehnt sich der vorher nur schwach ausgeprägte und schmale, die Endflächen mit einander verbindende Ring, mehr und mehr aus, so dass diese durch ein ziemlich breites cylindrisches Mittelstück mit einander verbunden erscheinen. (fig. 17). Zu gleicher Zeit zieht sich der gelbbraun gefärbte Inhalt in die Endflächen, während der Ring von einer farblosen Protoplasmamasse erfüllt wird, in deren Mitte der Kern, in feinkörniger Protoplasmasse eingebettet, seine Stellung nimmt (fig. 17 C. a). Sobald sich die Zelle etwa auf das Doppelte ihres ursprünglichen Längsdurchmessers ausgedehnt und der Kern eine langgezogene Gestalt angenommen hat, beginnt die Einfaltung der Zellhaut in der Mitte des Ringes sich bemerkbar zu machen (fig. 17 B c). Diesselbe lässt von Anfang an schon einen bedeutenden, concaven Jntercellularraum, und erleichtert insofern die Verfolgung des Theilungsvorganges. Die Einfaltung schreitet von diesem ersteren Beginn an ziemlich rasch und stetig fort (fig. 17 C. b.) und während dieselbe sich vollzieht, beginnt auch bereits die Abscheidung der jugendlichen Zellhülle, so dass dieselbe schon bald als doppelt contourirte Linie wahrnehmbar ist. Unter sorgsamer Anwendung wasserentziehender Reagentien gelingt es in solchen Zuständen die Zellhaut sammt dem Inhalte von der jungen Zellhülle zurückzuziehen, welche dann als Ringfalte hervortritt. Nimmt man dagegen etwas stark wirkende Lösungen, so wird auch die jugendliche Zellhülle mit zurückgezogen und bleibt in den meisten Fällen die Zellhaut dicht anliegen, so dass man leicht den Eindruck erhält, als sei dieselbe eine unmittelbare Verdichtung des sogenannten Primordialschlauches. Nachdem die Abschnürung vollendet ist, hat sich auch über der ganzen Oberfläche der jungen Zellen schon die zarte Zellhülle abgeschieden und es lassen dieselben zwischen sich einen leeren Zwischenraum.

Der Zellkern verhält sich in Bezug auf den Theilungsvorgang ganz in derselben Weise, wie dies bei Pinnularia geschildert wurde. Mit der Vollendung der Theilung beginnen die beiden Tochterzellen sich auszudehnen und rücken mit den einander zugewendeten Enden einander entgegen, bis sie sich berühren (fig. 17 A. a u. b). Der Ring der Mutterzelle wird nun zu der, je zwei Zellen derselben Generation mit einander verbindenden Scheide und die Seitenfläche beginnt gleichfalls deutlich als Ringstück hervorzutreten.

Um die Art und Weise des Wachsens der jungen Zellen zu studiren, sind wieder vorzugsweise jene Arten geeignet, bei denen eine bestimmte Oberflächenstruktur auftritt. Schon aus dem

Verhalten der Grammatophora in Bezug auf die Ausbildung der beiden einander zugewendeten Hälften der zwei in derselben Mutterzelle entstandenen Tochterzellen liesse sich in dieser Beziehung ein Schluss ziehen. Noch deutlicher aber treten die Wachsthumserscheinungen bei den Rhabdonemaarten hervor, wenn man jugendliche, noch von der Mutterzellhülle zusammengehaltene, Zellen ins Auge fasst.

Derartige Zellen zeigen an den einander zugewendeten Seiten nur die verdickten Ränder der Endflächen, während zwischen diesen und den nächsten Streifen der abgewendeten Zellenhälften ein homogener Zwischenraum vorhanden ist, welcher entweder die Hälfte des Raumes des Mittelstreifens einnimmt, welchen man bei der eben zur Theilung bereiten Zelle beobachtet, oder bei weiter fortgeschrittenem Wachsthum an Breite schon etwas, oft schon um die Breite des zwischen zwei Streifen befindlichen Zwischenraumes zugenommen hat (fig. 19 A.). Etwas weiter fortgeschrittene Entwicklungszustände zeigen innerhalb jenes Randes einen von dem untern nach dem obern Rand der Seitenfläche verlaufenden starken Querstreifen, dem bald die bekannte feinere Streifung folgt (fig. 19 A.). Andere noch weiter in ihrem Wachsthum fortgeschrittene Zellen lassen zwei, drei und mehr der starken Querstreifen beobachten (fig. 19 B. u. C.), bis nach vollendetem Wachsthume die eine der beiden Hälften die gleiche Anzahl von Querstreifen hat, wie die andere. Die ausgewachsene Zelle besteht nun aus zwei symmetrischen Hälften, welche von einer streifenlosen Mittelpartie von einander geschieden werden. Dieses Verhalten thut auf das entschiedenste dar, dass die Zellhülle in eigenthümlicher Weise und zwar in der Art wächst, dass die Ausdehnung nach der Haupt- oder Längsachse stets von der streifenlosen Stelle ausgeht, dass also immer zwischen diesen und den schon fertig gebildeten Abschnitten der Zellhüllen gleichsam neue Flächenstücke eingeschoben werden.

Wir können nun auch die bei Grammatophora schon besprochene Erfahrung verstehen und finden, dass diesselbe ebenfalls auf der geschilderten Wachsthumsweise beruhe. Ebenso lässt sich das Zusammenrücken der beiden Tochterzellen von Melosira sowie das erst spätere Hervortreten des sogenannten Ringes, d. h. der Seitenfläche, in gleicher Weise erklären.

Alle diese Erscheinungen liefern aber auch wiederum den Beweis, dass die Verkieselung der Zellhülle in der früher geschilderten Weise erfolgt und dass diese nicht eine Ausscheidung über der Zellhülle vorstellt, denn die Oberflächenverschiedenheiten treten schon an den gewiss noch nicht verkieselten Zellhülltheilen ebensogut hervor, wie an der starren und alten Schale.

Die Bewegung der Diatomeen.

Die Bewegung, namentlich der stab- und schiffchenförmigen Formen der Diatomeen ist eine der interessantesten Erscheinungen auf dem Gebiete des niedern Pflanzenlebens und verdient umsomehr die Beachtung der sich mit dieser Organismen beschäftigenden Forscher, als man trotz vielfacher nach dieser Richtung hin ausgeführten Beobachtungen, welche verschiedenen Ansichten als Stützpunkte dienen mussten, noch zu keiner definitiven Entscheidung über deren Natur und Ursache gelangt ist.

Was die Art der Bewegung betrifft, so ist dieselbe von den bei den beweglichen Sporen der übrigen Algen beobachteten ganz und gar verschieden.

Dieselbe findet immer in der Richtung des längsten Durchmessers, also senkrecht zur Hauptachse statt und zeigt, wenn ich sowol meine eigene Beobachtung an zahlreichen Arten, als die Beobachtungen anderer Forscher zusammenfasse, zwei Modifikationen Bald besteht sie in einem ruhigen, stetigen, gleitenden Vorwärtsbewegen, bei welchem man ein leichtes Zittern des vorderen das Wasser durchschneidenden Endes wahrnimmt, bald ist es ein rück- oder stossweises Fortrücken, welches jetzt eine fast geradlinige Bewegung nach einer Richtung hin hervorruft, dem dann nach einer kurzen Ruhepause ein Rückwärtsgehen nach entgegengesetzter Richtung folgt.

Fremde Gegenstände, welche sich dem fortschreitenden Individuum in den Weg stellen, werden, wenn sie leicht genug sind, fort- oder zur Seite gedrängt, sie halten dagegen die Diatomee in ihrem Lauf auf, wenn dieselbe zu schwach ist, um das Hinderniss zu überwinden und es kehrt dieselbe nach einiger Zeit in der entgegengesetzten Richtung fortgleitend um, wie dies unter gewöhnlichen Umständen nach abgelaufener Fortbewegung in der ersten Richtung geschehen würde. Hie und da bemerkt man indessen auch, dass sich das in seinem Lauf aufgehaltene Pflänzchen an dem vorwärts gerichteten Ende hebt oder senkt und so gleichsam über oder unter dem Hinderniss weggleitet.

Neben dieser Bewegung, welche sowohl auf den Endflächen als auf den Seitenflächen liegend ausgeführt werden kann, beobachtet man häufig auch ein Drehen um die eigene Achse, d. h. ein Umwenden von der Endfläche auf die Seitenfläche und umgekehrt. Seltner macht sich ein Aufrichten auf das ein Ende und eine drehende Bewegung in dieser Stellung geltend, ohne dass man ein in den Weg geschobenes äusseres Hinderniss wahrzunehmen im Stande ist.

Von verschiedenen Forschern ist die Ursache dieser Bewegungen in ganz verschiedenen Dingen gesucht, bald eigenthümlich bewegenden Organen, bald mehr mechanischen Einflüssen, bald der Eigenschaft und Thätigkeit des Protoplasmas zugeschrieben worden.

Diejenigen, namentlich älteren Forscher, welche sich mehr der Ansicht zuneigten, dass die Diatomeen dem Thierreiche einzuverleiben seien, neigten sich im natürlichen Gefolge dieser Ansicht der ersteren Hypothese zu. Ehrenberg z. B. sagt in seinem

1838 erschienenen Werke „Die Infusionsthierchen als vollkommene
Organismen", dass er bei Navicula fulva einen aus der mittleren
Oeffnung der Raphe hervortretenden, sich weit verbreitenden,
eng an der Schale anliegenden, ungetheilten, fleischigen Fuss beobachtet habe, welcher dem Fusse der Baum- oder Wegschnecke
gleiche. Bei Navicula Gemma der Nordsee (Surirella Gemma?)
(Abhandlungen der Akademie der Wissenschaften zu Berlin 1839
Seite 102) will derselbe statt des scheibenförmigen Fusses lange
haarförmige, bewegliche Fäden entdeckt haben, welche da, wo
sich die Rippen der Schale an den rippenlosen Seitentheil anlegen,
hervorständen, und welche das Thierchen langsam willkürlich ver-
kürzen und verlängern oder auch ganz einziehen könne. Später
hat Focke in seinen „Physiologischen Studien" (Heft 2, Seite 32,
Bremen 1854) diese Ansicht auf Grund seiner Beobachtungen an
Surirella bifrons und splendida wieder reproduzirt, ohne jedoch
dafür eine andere bestimmte, sicher beobachtete Thatsache, als
die Struktur der Schale anzuführen. Auf ihn folgte in gleicher
Richtung Jabez Hogg, welcher wiederum bewegliche, um die
Oeffnungen an beiden Enden oder bei einigen Arten auch um
die mittlere Oeffnung geordnete Cilien entdeckt haben will.
Wenham, welcher die Irrthümer Hoggs aus der von diesem
Forscher angewendeten Beleuchtungsweise — welche bekanntlich
bei den Engländern eine viel zu überwiegende und häufig Täusch-
ungen veranlassende Rolle gespielt — zurückführte, nahm eine
äussere durch die Bewegungen des Protoplasmas in Undulationen
versetzte Membran als bewegende Ursache an.

Von allen diesen Thatsachen ist von andern Forschern auf
diesem Gebiete, welche sich zum Theil bei ihren Untersuchungen
der ausgezeichnetsten neuen Objektivsysteme Englands und des
Continents bedienen konnten, auch keine einzige bestätigt worden.
Ich selbst habe bei den sorgfältigsten Beobachtungen mittelst
der schärfsten Linsensysteme weder bei den grösseren Pinnularia-

noch bei den grossen Surirellaarten, von denen ich auch S.
bifrons mehrfach zu beobachten Gelegenheit hatte, auch keine
Andeutung gefunden, welche auf einen Fuss oder auf Cilien
hätte schliessen lassen können. Es ist dies auch um so erklär-
licher, ais schon oben nachgewiesen worden ist, dass die Kieselschale nirgends mit wahren Oeffnungen versehen ist, sondern
nur verdünnte Stellen besitzt.

Eine andere Gruppe von Forschern, unter andern: Nägeli,
Siebold, sowie Rabenhorst und Prof. Smith, die gerade für die
Kenntniss der Diatomeen als Autoritäten zu betrachten sind,
sehen als Ursache der Bewegung der Diatomeen die Erschein-
ungen der Exosmose und Endosmose an, welche in Folge der
Ernährung zwischen dem Zelleninnern und der umspielenden
Flüssigkeit stattfindet.

Nägeli spricht sich in seiner Schrift: „Gattungen ein-
zelliger Algen" (Zürich 1849) Seite 20 folgendermassen aus: Eine
dritte Art der eigenthümlichen Bewegung ist das langsame Vor-
und Zurückgehen, welches an mehreren Diatomaceen und Desmi-
diaceen beobachtet wird. Die Zellen besitzen keine Bewegungsorgane. Da sie aber in Folge ihres Ernährungs-
prozesses flüssige Stoffe aufnehmen und ausscheiden, so muss die
Zelle in Bewegung gerathen, wenn die Anziehung und die Aus-
stossung der Flüssigkeit ungleich auf die Partieen der Oberfläche
vertheilt und so lebhaft ist, dass der Widerstand des Wassers
überwunden wird. Man findet die Bewegung daher vorzüglich
bei solchen Zellen, welche wegen ihrer spindelförmigen Gestalt
leicht das Wasser durchschneiden; auch bewegen sich diese Zellen
nicht anders, als in der Richtung ihres langen Durchmessers.
Wenn die eine Hälfte einer spindelförmigen oder ellipsoidischen
Zelle vorzüglich oder ausschliesslich Wasser aufnimmt, die andere
Hälfte dagegen abgibt, so bewegt sich die Zelle nach der Seite
hin, wo die Aufnahme statt hat. Da aber von diesen Zellen

beide Zellenhälften in morphologischer und physiologischer Beziehung vollkommen gleich sind, so ist es bald die eine, bald die andere, welche aufnimmt oder abgibt und somit bewegt sich auch die Zelle bald nach der einen, bald nach der entgegengesetzten Richtung hin."

In ähnlicher Weise spricht sich Rabenhorst aus (Die Süsswasser-Diatomaceen Leipzig 1853).

Mit diesen deutschen Forschern übereinstimmend sagt Prof. W. Smith im 1. Bd. der „British Diatomeae" auf pag. XXIII der Einleitung: „Ich fürchte, dass ich über die Ursache der Bewegung der Diatomeen nur einen unvollkommenen Aufschluss geben kann. Es erscheint als sicher, dass dieselbe nicht in einem äusseren Bewegungsorgane ihren Grund hat. Die schärfsten Instrumente, welche sich in der Hand des Beobachters finden, haben ihn in den Stand gesetzt, auf bestimmteste zu versichern, dass alle Behauptungen, welche sich auf die Entdeckungen mittelst unvollkommener Objektivsysteme stützen und welche der Diatomeenschale beweglichen Cilien, Füssen u. dgl. zusprechen auf Jrrthum und Einbildung gegründet sind. Unter den Hunderten von Arten, welche ich in jedem Zustande der Entwicklung und in jeder Phase der Bewegung und unterstützt von Gläsern, welche an Klarheit und Schärfe unübertroffen dastehen, beobachtet habe, bin ich nie im Stande gewesen, auch nur ein Schein von Bewegungsorganen zu entdecken. Ebensowenig habe ich bei in die Flüssigkeit gebrachtem feinzertheiltem Carmin oder Indigo in den die Diatomeen umgebenden Farbkörperchen jene rotirenden Bewegungen wahrnehmen können, welche bei den verschiedenen Arten der wahren Infusorien das Vorhandensein von Cilien anzeigen. Ich sehe mich zu der Annahme veranlasst, dass die Bewegung der Diatomeen einer im Innern der Schalen wirkenden Kraft zuzuschreiben sind und wahrscheinlich mit der endosmotischen und exosmotischen Thätigkeit der Zellen in Verbindung stehen. Die

3 *

Flüssigkeiten, welche bei diesen Thätigkeiten in Betracht kommen, müssen durch die kleinen Oeffnungen an den Enden der Kieselschalen aufgenommen und ausgestossen werden, und es ist leicht einzusehen, dass eine äusserst kleine Menge von Wasser, welche durch diese winzigen Oeffnungen ausgestossen wird, hinreichend sein mag, um in Körperchen von so geringem spezifischem Gewichte, Bewegungen hervorzurufen. Wenn die Exosmose bald an dem einem, bald an dem andern Ende statthat, während die Endosmose an dem entgegengesetzten eintritt, so geht daraus eine wechselnde Vor- und Rückwärtsbewegung der länglichen Formen hervor, während in andern Arten von elliptischer oder kreisähnlicher Form, wo die ganze Mittellinie kleine Oeffnungen besitzt, die Bewegung, wenn überhaupt vorhanden, eine unregelmässige oder langsam seitliche sein muss."

v. Siebold sucht die Bewegungserscheinungen unter Anwendung von in dem Wasser des Objektträgers fein vertheilten Farbkörperchen zu studiren. Derselbe hat die verdünnten Stellen der Kieselschalen als diejenigen Stellen erkannt, an welchen die Wechselwirkung zwischen Zelleninnerem und Aussenwelt stattfindet. Er sagt darüber: (Zeitschrift für wissenschaftliche Zoologie Bd. I. Seite 282. 1849) „Diese Linien, welche man lange kennt, aber bis jetzt wenig beachtet zu haben scheint, rühren von einer Nath, Spalte oder vielmehr Lücke her, an der keine Kieselmasse abgeschieden ist, so dass an diesen Stellen die den Kieselpanzer auskleidende zarte Primordialhaut mit der Aussenwelt in eine sehr nahe Wechselwirkung treten kann. Ich schliesse dies aus dem Umstande, dass gerade an diesen vier Näthen oder Spalten das Wasser, welches die Navicularien äusserlich umgibt, in Strömung versetzt wird. Man kann sich sehr leicht von dieser Strömung überzeugen, wenn man das Wasser, in welchem sich frische Navicularien befinden, durch feine feste Körperchen trübt. Am besten eignen sich hierzu Indigopartikelchen. Hat sich das durch

Indigo gefärbte Wasser auf den Objektträger beruhigt, so wird
man durch das Mikroskop bald gewahr werden, dass diejenigen
Indigopartikelchen, welche mit lebenden Navicularien in Berührung kommen, in eine schwankende Bewegung versetzt werden,
nachdem sie sich vorher ganz ruhig verhalten hatten. Man wird
sich ausserdem überzeugen, dass nur derjenige Indigo in Bewegung geräth, der mit jenen vier vorhin erwähnten Näthen des
Kieselpanzers in Berührung gekommen ist, während die an andern
Stellen dieser Hülle anhängenden Indigotheile ganz unbeweglich
bleiben. Ausser der schwankenden Bewegung nimmt man noch
eine andere, höchst auffallende Bewegung an jenen Indigostückchen
wahr. Sie werden nämlich, nachdem sie mit jenen Näthen der
Kieselpanzer in Berührung gekommen, an denselben ziemlich
schnell auf- und niedergeschoben. Niemals bemerkt man, dass
die von den beiden Endwülsten gegen die Mittelwülste geschobenen
Indigomassen über diese hinübergleiten; immer findet an den
Mittelwülsten ein Ruhepunkt statt, von welchem aus die Indigomassen in umgekehrter Richtung wieder gegen die Endwülste
zurückgeschoben werden. Es ist dies ein Beweis, dass die linien-
förmigen Näthe, wie man auch mit Augen sehen kann, sich nicht
über die Mittelwülste des Kieselpanzers hinwegstrecken. Die Strömung ist an diesen Stellen mitunter so stark, dass dadurch un-
verhältnissmässig grosse Körper, welche mit derselben in Berührung kommen, in Bewegung gesetzt werden."

Nachdem man fast allgemein dieser, durch die genannten
Forscher vertretenen Ansicht gehuldigt hatte, indem nur einzelne
Stimmen u. s. w. mehr in Folge von speculativer als beobachtender
Thätigkeit sich dahin aussprachen, dass eine mechanische Erklärung
der einschlägigen Bewegungserscheinungen unzureichend bleiben
müsse, fand dieselbe neuerdings in Prof. Max Schultze einen gewichtigen Gegner. (Archiv für mikroskopische Anatomie Bd. 1., Heft 4,
pag. 376 u. f. 1865).

Prof. Schultze kehrt theilweise zu der Ansicht Ehrenbergs
zurück, indem er eine über die Raphe oder Mittelrippe ausgebreitete Protoplasmamasse als bewegende Ursache annimmt. Er
sagt darüber auf Seite 395: „Ist demnach eine vollständige Klarheit über das Zustandekommen der beschriebenen Bewegungserscheinungen der Diatomeen noch nicht gewonnen, so betrachte
ich doch durch meine Versuche als erwiesen, dass eine klebrige
organische Substanz, welche in lebendiger Bewegung begriffen ist, an der Raphe der Diatomeen zu
Tage tritt. Allen Analogien zufolge und der einzelligen Natur
der Diatomeen entsprechend, kann dieselbe nur Protoplasma sein,
welches durch Oeffnungen der Schale hervortreten und durch
dieselben auch wieder zurückgezogen werden muss. So gut, wie
dies Protoplasma ansehnlich grosse Körper fortbewegt, wird dasselbe auch genügen, die kriechenden und mannigfach complizirten
Bewegungen der Diatomeen selbst zu erklären, um so mehr, als
ich nachgewiesen habe, dass bei diesen Bewegungen stets die
Raphe der festen Unterlage zugekehrt ist. Das die Raphe über-
ziehende oder an ihr zu Tage tretende Protoplasma hat also die
Bedeutung einer Art von Fuss, auf welchem die Diatomee kriecht.
Dieser stellt zwar einen sichtbaren getheilten oder ungetheilten
Fortsatz, wie Ehrenberg einen solchen annahm, nicht dar, ist
aber doch immerhin ein dem von Ehrenberg beschriebenen
Schneckenfuss nicht ganz unähnliches äusseres Bewegungsorgan.
Die lange discutirte Frage nach der Ursache der Bewegungen
der Diatomeen halte ich denn der Hauptsache nach hiemit für
erledigt."

Ob die Erledigung der schwebenden Frage hiemit so einfach
schon vollbracht ist, wie Prof. Schultze glaubt, ist doch
einigermassen zweifelhaft. Vorläufig sehen wir nur eine Hypothese
an die Stelle einer andern gesetzt. Denn den Fuss, oder vielmehr den Protoplasmastreifen, hat Prof Schultze ebensowenig

beobachten können, wie andere Forscher den Schneckenfuss und die Cilien Ehrenbergs. Das Vorhandensein derselben ist also keineswegs eine Thatsache, sondern eine rein hypothestische Annahme. Nur wenn dieses nicht zu beobachtende Dasein des aus gleichfalls nicht nachweisbaren, schlitzartigen (Navicula viridis), entweder an den Enden der Raphe befindlichen (Pleurosigma) oder längs den Leisten aus hintereinandergelegenen feinen Oeffnungen heraustretenden Protoplasmastreifens oder Kriechorganes durch andere Thatsachen und Erscheinungen hinreichend gestützt erschiene, konnte man dieses zur Erklärung der uns vorliegenden Bewegungserscheinung heranziehen. Prof. Schultze hat denn auch diesen Weg betreten und zwar baut er seine Schlüsse theils auf die Art und Weise der Bewegung, theils auf das Verhalten fremder, dem Wasser des Objektträgers beigemengter Körperchen, sobald dieselben mit den ruhenden oder sich bewegenden Diatomeen in Berührung kommen.

Es ist daher zunächst die Aufgabe der Forschung diese Stützpunkte der Hypothese genau zu prüfen, um sich für oder wider entscheiden zu können.

Was zunächst die Art und Weise der Bewegung betrifft, so stellt Prof. M. Schultze dieselbe als eine gleichsam selbstthätig kriechende dar. So heist es pag. 385: Pleurosigma angulatum kriecht, wie alle mit einer ähnlichen Raphe versehenen Diatomeen, stets auf dieser Nath. Hat man ein Deckgläschen auf dieses Präparat gelegt, so kommt es vor, dass ein einzelnes Exemplar an der Unterseite des Deckgläschens festhaftend, hier seine kriechenden Bewegungen ausführt, während dies gewöhnlich auf der oberen Seite des Objektträgers geschieht. Ein freies Schwimmen durch das Wasser kommt, soviel ich gesehen habe, nicht vor. Die Diatomee bedarf nothwendig eines festen Körpers zum Anhalten. Natürlich können fremde im Wasser befindliche Gegenstände, z. B. Algen, Oscillarienstöcke, Sandkörner dieselbe

Dienste wie die Glasflächen leisten, und kriecht die Diatomee an solchen Gegenständen hin, so wendet sie ihnen ebenfalls die Raphe zu. Aber auch bei dem Kriechen auf der glatten Glasfläche kann eine Axendrehung vorkommen. Bei einer solchen bleibt aber bei Pl. angulatum immer noch ein Theil der Raphe mit dem Glase in Berührung. An den schnabelförmigen Enden nämlich weicht die Raphe aus der Mittelebene am einen Pol nach oben, am andern nach unten ab. Ia selbst bei dem öfter zu beobachteten Aufrichten einer Diatomee auf die eine Spitze des Körpers bleibt das Ende der Raphe mit dem Glase in Contact."

Unter einer grossen Anzahl von Arten, sowohl grösserer als kleinerer Diatomeen hat mir auch die Bewegung keiner einzigen den Eindruck der Selbstthätigkeit und des Kriechens gemacht. Verfolgt man dieselbe mit der grössten Aufmerksamkeit, so macht sich ganz entschieden der Eindruck des mechanischen Fortbewegtwerdens geltend. Die Bewegung selbst ist keineswegs ein Kriechen, sondern bei dem ruhigeren Tempo eher ein im Wasser Fortgleiten zu nennen, während bei dem ruck- oder stossweisen Vorwärtsschieben entschieden der Eindruck des Fortgeschnelltwerdens bei dem Beobachter entsteht. Wenigstens wird hier kaum ein Beobachter das, so zu sagen „An der Scholle haften" eines langsam sich auf einer Unterlage fortschiebenden Organismus aus der Bewegung herausfinden können. Prof. Schultze hat sich hier offenbar durch zu weit getriebene Analogie mit den Bewegungen der Rhizopoden verleiten lassen, etwas in die Bewegung hineinzutragen, was durchaus nicht in derselben liegt. Auch die Angabe, dass das Fortbewegen stets auf der Raphe und angeheftet an die Glasoberflächen oder an fremde Körper stattfinde, kann ich nach zahlreichen Beobachtungen keineswegs bestätigen. Die Bewegung findet unabhängig von der relativen Lage statt, ebensogut wenn eine der Endflächen, als wenn eine der Seitenflächen dem Beobachter zugewendet ist, und zwar erscheint die Bewegung auf der Seitenfläche niemals an das Vorhandensein eines fremden Körpers gebunden, an dem sich die Diatomee mit der Raphe hinschieben könnte. Sowohl grössere als kleinere Arten bewegen sich ebensowohl in der Mitte des Wassers, wie näher der Glasoberflächen von Objektträger und Deckglas, wie man sich durch Einstellung auf gleichzeitig vorhandene, auf dem Objectträger aufliegende oder an der Unterfläche des Deckglases haftende fremde Körperchen auf das bestimmteste überzeugen kann. Bei den Amphora- und Naviculaarten kann man diese Beobachtungen hundertmal machen. Noch schärfer aber tritt dieses Verhalten hervor, wenn man grössere Pinnularien ins Auge fasst, die doch, wenn sie mit der dem Beobachter zugewendeten Seitenfläche durch das Wasser gleiten, sicher ein deutlich sichtbaren Gegenstand für die Anheftung des Protoplasmastreifens verlangen würden. Dieselben bewegen sich allerdings häufig genug dicht an Algenfäden oder an Schmutzpartikelchen Sandklümpchen u. s. w. hin; aber diese letzteren bleiben, sobald sie nur so schwer sind, dass sie durch die sich bewegende Diatomee nicht in anderer Weise beeinflusst werden können, ruhig an ihrem Orte liegen, während die letztere gleich darauf im ungetrübten Wasser weiter gleitet.

Die Bewegungsweise wenigstens der stab- und schiffchenförmigen Diatomeen kann also nicht zur Stütze der Schultze'schen Hypothese dienen, während sie den Erklärungsversuchen von Nägeli, Smith u. A. durchaus nicht entgegensteht, mag auch die letzte unzureichend und vielleicht allzu mechanisch sein, indem sie einseitig nur die Erscheinungen der Exosmose und Endosmose in ihren Bereich zieht, ohne auf andere im Innern der Zellen stattfindenden physiologische Vorgänge und deren Wechselbeziehungen zu der Aussenwelt Rücksicht zu nehmen.

Die Bewegungen äusserst kleiner, im Wasser des Objekttragers suspendirter Farbkörperchen, längs der Raphe der Kiesel-

schalen, welche, wie wir oben gesehen haben, schon von Siebold
herangezogen wurde, um das Vorhandensein von durch die endosmotischen Erscheinungen bewirkten Bewegungen, in den die ersten
umhüllenden Wasser nachzuweisen, hat Prof. Schultze das zweite
Moment zur Stützung seiner Hypothese geliefert, und es wurde
dieselbe einer sehr eingehenden Analyse unterworfen. Den Re-
sultaten dieser letzteren möge hier im Vergleich mit eigenen Beobachtungen eine nähere Betrachtung zu Theil werden, da dieselben jedenfalls von hoher Wichtigkeit für die Erklärung der
Bewegungserscheinungen werden dürften, wenn sie sich auch
heute noch nicht in vollem Umfange verwerthen lassen. Fast vollständig in allen Fällen zu bestätigen ist das, was unter Nro. 1
von der Art der Bewegung der Farbstoffkörperchen gesagt wird:
„Die Bewegung findet statt sowohl während des Kriechens, als
auch wäheend der Ruhe. Dieselbe kann an jedem Punkte der
Raphe vorkommen, aber nicht alle Körperchen, welche in der Nähe
der Raphe liegen, werden bewegt; dadurch unterscheidet sich der
Vorgang wesentlich von einer in der Flüssigkeit erzeugten Strömung. Es muss eine direkte Berührung der Raphe stattfinden,
um die Bewegung einzuleiten. Sobald der fremde Körper erfasst
ist, wird er in jener für die Körnchenbewegung so charakteristischen eigenthümlich zitternden, öfter stockenden Gangart fort-
geschoben. Die Richtung der Bewegung ist nicht vorauszusagen".
Der Ausdruck Prof. Schultze's, dass eine direkte Berührung der
Raphe stattfinden müsse, ist hier offenbar nur allgemein aufzu-
fassen. Da sich neben der verdickten Mittelrippe die minder
verdickten und wahrscheinlich auch minder von Kieselsäureeinlagerung ergriffenen Stellen der Zellhülle befinden, so können es
ebensogut diese Stellen sein, deren Berührung von Seiten der zu
bewegenden Farbstoffkörperchen erfordert wird, wenn es nicht
schon ausreicht, dass diese letzteren jenen Stellen bis auf eine
meist sehr kleine Entfernung genähert sind. Eine Berührung

der Mittelrippe oder ihrer nächsten Umgebung erscheint allerdings geboten, wenn es eine über dieselbe ausgebreitete in Bewegung befindliche Protoplasmamasse ist, welche die Farbstoffkörperchen an sich heranziehend und festhaltend in Bewegung setzt. Eine Annäherung auf kleine Entfernung wird aber dann ausreichen, wenn es, was erst aus den weiteren Erörterungen klar werden kann, noch andere Erscheinungen gibt, welche sich als bewegende Ursache annehmen lassen.

Was die eigenthümliche Weise der Fortbewegung betrifft, so hat dieselbe allerdings Aehnlichkeit mit der von Prof. Max Schultze herangezogenen Körnchenbewegung. Allein diese Art der Bewegung ist überhaupt kleinen Körnchen eigen, welche sich in einer Flüssigkeit bewegen, welche sich nicht selbst in so heftiger Strömung befindet, dass sie das Beharrungsvermögen jener ohne merkbaren Widerstand bewältigt.

Unter 2 bis 5 heisst es dann weiter:

2. „Liegt die Diatomee still, so ist die Bewegung gewöhnlich die, dass der Farbstoffklumpen bis an das eine Ende gleitet, hier kurze Zeit anhält und dann seinen Lauf in der entgegengesetzten Richtung beginnt, um über den Nabel hinweg bis an das andere Ende der Diatomee zu gelangen, hier nach kürzerer oder längerer Pause von Neuem umzukehren, und diese Wendung beliebig oft zu wiederholen. Dabei kann mitten im Laufe ein Stillstand oder ein Umdrehen stattfinden. Letzteres kann dadurch veranlasst werden, dass ein zweites Körnchen dem ersten entgegenläuft und nun beide denselben Weg weiter verfolgen. Eine Begegnung von Carminkörnchen der Art, dass sie in entgegengesetzter Richtung aneinander vorbeilaufen, was man an Pseudopodien oft beobachtet, habe ich längs der Raphe der Diatomeen nicht gesehen.

3. Kriecht die Diatomee mit der Raphe auf dem Objektträger, so gerathen kleinste Körnchen, welche dicht auf dem Glase aufliegen und über welche die Diatomee so zu sagen hin-

weg muss, gewöhnlich in keine auffallende Bewegung. Aber
solche, welche im Wasser suspendirt auf die o b e r e Raphe zu
liegen kommen, werden ergriffen und gleiten e n t w e d e r in
d e r s e l b e n R i c h t u n g wie d i e D i a t o m e e sich b e w e g t,
n u r s c h n e l l e r ü b e r d i e R a p h e hin, o d e r s c h l a g e n d i e
e n t g e g e n g e s e t z t e R i c h t u n g ein, oder werden auch nur
festgehalten und mitgeschleppt, ohne sofort auf der Raphe selbst-
ständige Bewegungen auszuführen. Dasselbe gilt für den Fall,
wo die Diatomee an der untern Seite des Deckgläschens kriecht.
Dann ist die dem Beobachter abgewendete Raphe frei und be-
mächtigt sich der unter ihr liegenden fremden Körper, um sie
in Bewegung zu setzen.

4. Die Grösse der fremden Körper, welche auf diese Weise
in Bewegung gesetzt werden, ist oft eine sehr ansehnliche. Es
kommt häufig vor, dass Körper, deren absolutes Gewicht nach
ungefährer Schätzung dasjenige der Diatomee bei weitem über-
trifft, sich der Bewegung anschliessen. Ja sie scheinen mit be-
sonderer Vorliebe erfasst zu werden. Wenigstens liegen wol
viele kleine Körperchen oft still, wo man glauben sollte, sie be-
fänden sich in unmittelbarer Berührung mit der Raphe, an welcher sich grössere Körper bewegen. Bei den fortschreitenden
Bewegungen der Diatomeen werden fremde Körper, welche von
der Raphe erfasst und bis zu dem schnabelförmigen Ende fort-
geschoben waren, häufig nachgeschleppt. Welch bedeutendes
Gewicht in dieser Weise fortbewegt werden kann, tritt am auf-
fallendsten bei den kleinsten Diatomeen hervor.

5. Entledigt sich die Diatomee einer solchen Last, so geschieht es meist so, dass der fremde Körper am hintern Ende noch
eine kurze Zeit nachgeschleppt wird, wenn auch der sichtbare
Zusammenhang mit der Kieselschale bereits aufgehört hat. Es
ist ein freier Zwischenraum zwischen der Diatomee und dem
Farbstoffklumpen und doch folgt der letztere noch längere oder

kürzere Zeit der ersteren. Endlich reisst er wie mit einem Ruck plötzlich ab. Offenbar verklebt eine unsichtbare organische Substanz, welche von dem Schnabel der Diatomee ausgeht, diesen mit dem fremden Körper. So beobachtete ich auch, dass mehrere kleinere längs der Raphe hin und hergeschobene Körper, wenn sie sich endlich beim Kriechen vom hinteren Schnabel ablössen, wie durch eine schleimige Masse untereinander zusammenkleben.

Diese Darstellung muss, soweit dieselbe rein Thatsächliches und nicht bereits schon von der vorausgesetzten Hypothese eines über der Mittelrippe ausgebreiteten Protoplasmastreifens beeinflusste, wenn auch nicht unverhüllt zu Tage tretende, Deutung des Thatsächlichen enthält, als vollkommen der Wirklichkeit entsprechend bestätigt werden.

Ganz anders aber verhält es sich mit der den Thatsachen untergelegten Erklärung. Hier sagt Prof. Schultze auf Seite 391: „Es fragt sich nun, welches ist die Ursache der beschriebenen merkwürdigen Bewegung fremder Körper längs der Raphe. Offenbar gibt es nur eine Erklärung für dieselbe, es muss ein äusserlich an der Raphe zu Tage liegender Protoplasmastreifen sein, welcher die Farbstoffpartikelchen ankleben macht und in eine gleitende Bewegung versetzt. Denn es gibt nur eine Erscheinung, welche mit der Bewegung der an der Diatomee gleitenden fremden Körper verglichen werden kann, das ist die Aufnahme und Fortbewegung solcher Körper seitens der Pseudopodien, der Rhizopoden, wie sie z. B. beobachtet wird, wenn man lebende Gromien oder Milioliden in mit Carminkörnchen versetztes Wasser bringt. Die Art des Anklebens und der Fortbewegung der Farbstoffkörperchen ist in beiden Fällen durchaus übereinstimmend, und da bei den Diatomeen als einzelligen Organismen Protoplasma, und zwar in manchen Arten deutlich bewegtes Protoplasma, den Hauptbestandtheil des Zellenkörpers bil-

det, so spricht alles dafür, dass auch die äusseren Bewegungen
auf Protoplasmabewegungen zurückzuführen seien."

Die letzten Worte enthalten einen Ausspruch, der ohne seinen
Zusammenhang mit der hervorgehobenen Stelle gewiss seine volle
Berechtigung hat. Es ist gewiss noch keinem Forscher, welcher
die Diatomeen schärfer beobachtet hat, entgangen, dass in deren
Inhalt eine Bewegung stattfindet. Der anscheinend homogen gelb-
braune Inhalt sowohl, als die sichtbaren Inhaltkörperchen, namentlich aber die von Prof. Schultze unzweifelhaft als Fett- oder
Oeltröpfchen nachgewiesene helle Kügelchen, von denen sich bei
jeder Art eine bestimmte Zahl in bestimmter Anordnung finden,
lassen eine solche Bewegung auf das Deutlichste erkennen. Und
wenn diese Bewegung auch in den meisten Arten nicht den
charakteristischen Ablauf nimmt, wie in den Zellen der höhern
organisirten Gewächse, so ist doch hier unzweifelhaft der Ana-
logieschluss gerechtfertigt, dass ihr dieselbe Ursache zu Grunde
liegt wie dort. Nun habe ich in meiner Abhandlung über die
wandständigen Protoplasmaströmchen und deren Verhältniss zu den
Verdickungsschichten der Zellhülle (Verhandlungen der Naturfor-
schenden Gesellschaft in Halle 1866) nachgewiesen, wie diese
Protoplasmabewegungen mit dem ganzen Ernährungsprozesse der
Zelle in Zusammenhang stehen. Dasselbe ist sicher auch bei den
Diatomeenzellen der Fall. Wie die Ernährungsvorgänge, welche
theils chemischer, theils physikalischer Natur sind, denn wir
müssen hier ebensowohl den Austausch der verschiedenen Lösungen u. s. w., wie die Umbildung der aufgenommenen Stoffe in
bildungsfähiges Protoplasma, dieses letzteren in die Baustoffe
der Zellhülle u. s. w. im Auge halten, diese Bewegungen hervor-
bringen, ob wir elektrochemische, thermoelektrische oder hydro-
elektrische, ob wir Diffusionsströmungen vor uns haben, oder ob
— was vielleicht das Wahrscheinlichere sein dürfte, — beide im
Vereine wirken, das zu entscheiden, sind wir vorläufig an der

Hand der uns vorliegenden Thatsachen noch keinesweges im
Stande, wenn wir eben nicht ins Reich der nebelhaften Hypothese
greifen wollen. Genug, dieselben sind eben vorhanden und der
Grund dieselben in einer spontaneu Thätigkeit, in der weit-
umfassenden, allen möglichen speculativen Vorstellungen dienen-
den Contractiltät des Protoplasmas zu suchen, dazu liegt
auch keine einzige zwingende Thatsache für die Pflanzenzelle
vor. Aber grade bei den Diatomeen muss zwischen Zelleninnerem
und der umspielenden Ernährungsflüssigkeit d. h. dem Wasser
eine weit energischere Wechselwirkung stattfinden, als dies bei
den zu Geweben vereinigten Zellen der Fall sein kann, wo die
Wechselwirkung sich mehr auf die benachbarten Individuen, als
anf die Aussenwelt erstreckt.

Es wird also demnach auch durchaus nicht umgereimt sein
anzunehmen, dass die nächste Umgebung der Kieselschale namentlich aber die der unverdickten Stellen mit in den Bereich dieser
Wechselwirkung hineingezogen, dass in den umspielenden Was-
sertheilchen gerade hier eine gewisse Bewegung der Molecüle eine
Strömung hervorgerufen wird. Sind diese Strömungen nun theils
den innern Protoplasmabewegungen analoge, durch die chemische
Umbildung hervorgerufene elektrische, theils durch den Austausch
der Stoffe zwischen Zellenrinnen und Ernährungsflüssigkeit hervorgerufen, also vorzugsweise diasmotische, so erklärt sich dadurch leicht das Verhalten der Farbstoffkörperchen bei ruhenden
Individuen, wie die Bewegung dieser letzteren selbst.

Für die Bewegung der Einzelzellen in dem Wasser halte
ich die von Nägeli gegebene Erklärung für vollkommen zurei-
chend. Dass dieselbe zugleich noch mit der ersten Bewegung
vergesellschaftet ist, beweist die Bewegung der Farbstoffkörperchen, die bald entsprechend der Bewegungsrichtung der Diatomeen
selbst, bald in entgegengesetzter Richtung abläuft.

Mit einem Kriechen hat diese Bewegung durchaus keine

Aehnlichkeit, wie schon oben hervorgehoben wurde. Dass dabei, wenn die Diatomee der unteren oder oberen Glasfläche genähert ist, eine mindere Bewegungsfähigkeit, der im Bereich der entsprechenden Seite gelegenen Farbkörperchen beobachtet wird, leuchtet aus einfachen physikalischen Gründen ein. Wir brauchen gar nicht weit zu greifen um solche zu finden. Hat die bewegende Kraft bei den freiliegenden fremden Körperchen nur das Beharrungsvermögen, und die Schwerkraft dieser letzten zu überwinden, so tritt bei dem an der Glasfläche haftenden Körperchen auch noch die Flächenanziehung zwischen diesem und jener als zu überwinden hinzu und dem entsprechend complizieren sich die Verhältnisse. Die Erscheinung, dass Farbekörperchen, welche eine Zeit lang dem Laufe der sich bewegenden Diatomeen gefolgt sind, noch einige Zeit nach deren Ablösung nachgeschleppt werden, hat gar nichts wunderbares, und ebensowenig der Umstand, dass mehrere hintereinander an der Raphe sich bewegenden Körperchen nach der Trennung von der Kieselschale noch aneinander haften bleiben. Wozu hier das Vorhandensein einer klebenden Substanz annehmen? Sollten hier die Bewegungserscheinungen etwa andern physikalischen Gesetzen folgen, wie anderwärts? Sollten hier Beharrungsvermögen, Flächenanziehung u. s. w. nicht ebenso wirken, wie unter gewöhnlichen Umständen?

Die Bewegungen der Farbekörperchen bei ruhenden Diatomeen würden den durch die chemischen Vorgänge veranlassten elektrischen Strömungen anheimfallen, welche natürlicherweise ebenso wie die der Diffusionsströmungen in der Nähe der verdünnten Stellen der Schale mit der grössten Energie auftreten müssen, da hier offenbar der Ort der energischesten chemischen Unbildung zu suchen ist.

Wie wir im Innern der Zellen höherer Gewächse die Protoplasmaströmchen bald bis zum Kern reichen, bald denselben überschreiten sehen, so ist das Verhältniss wol auch hier, wo der

Kern im Centrum der Zelle einer Protoplasmamasse eingebettet liegt. Demgemäss gestalten sich denn auch die in den umspülenden Flüssigkeiten damit harmonirenden Strömungen, und so sehen wir denn hier die Farbstoffkörperchen ganz ähnliche Bahnen längs der Mittelrippe beschreiben, wie wir sie dort bei den Körnchen des Protoplasmas u. s. w. beobachteten. Dass einander sich begegnende Farbkörperchen derart aufeinander influiren, dass sie beide den gleichen Weg verfolgen, mag seinen Grund theils in der Flächenanziehung dieser, theils in gewissen elektrischen Ausgleichungen haben. Jedenfalls lässt sich nicht einsehen, warum diese Erscheinung auftreten und nicht eben der bei den Pseudopodien zu beobachtenden Vorgang auftreten sollte, wenn diese Körperchen durch strömendes Protoplasma bewegt würden. Dass häufig grössere Körperchen bewegt werden, während kleinere ruhen bleiben, kann ebensowenig für einen Beweis eines vorhandenen Protoplasmafusses herangezogen werden, als der Umstand, — der mir indessen nicht vorgekommen ist, — dass an Gewicht die Diatomeenzelle übertreffende Farbstoffmassen fortbewegt werden. Der andere von Schultze aufgeführte Fall von Navicula gibberula dürfte wol noch andere Erklärungsweisen zulassen. Ein Umstand möchte indessen hier von Wichtigkeit für die Erklärung werden. Dies ist das Verhältniss der Richtung, welches bei der Bewegung des Zellinhaltes und der in dem umspülenden Wasser suspendirten Farbekörperchen waltet. Leider ist es mir bis jetzt noch nicht gelungen hierüber ins Klare zu kommen, es dürfte sich aber empfehlen, bei fortgesetzten Beobachtungen nach dieser Seite des Zellenlebens gerade auf diesen Punkt besonderes Augenmerk zu richten.

Nach allem was ich über die gedachten Phänomen der Bewegung der Diatomeen selbst und der in die Nähe der Mittellinie gebrachten Farbekörperchen beobachtet habe, kann ich mich keineswegs mit der Ansicht befreunden, dass dieselbe ihre Ursache in einer über die Mittelrippe verbreiteten Protoplasmamasse habe. Die beobachteten Thatsachen drängen zu einer solchen Annahme eines ausserdem niemals beobachteten, unsichtbaren Organes — denn als solches müssten wir es doch in gewissem Sinne auffassen — durchaus nicht hin, während sich dieselben einerseits mit der Erklärung von Nägeli u. A., andrerseits mit den Wechselbeziehungen, die auch in noch innigerer Weise, wie blos mechanischer — Diasmose — zwischen Zelleninnern und Ernährungsflüssigkeit der Diatomeen stattfinden müssen, recht wol vereinbaren lassen. Eine vollständige Erklärung dieser Erscheinungen gegeben zu haben, maasse ich mir durchaus nicht an. Ich glaube, wir müssen nach einer solchen immer noch suchen, und halte es für erspriesslicher, unser Nichtwissen hier offen zu bekennen, als sich durch zu weit getriebene Analogie in das Gebiet der reinen Hypothese drängen zu lassen.

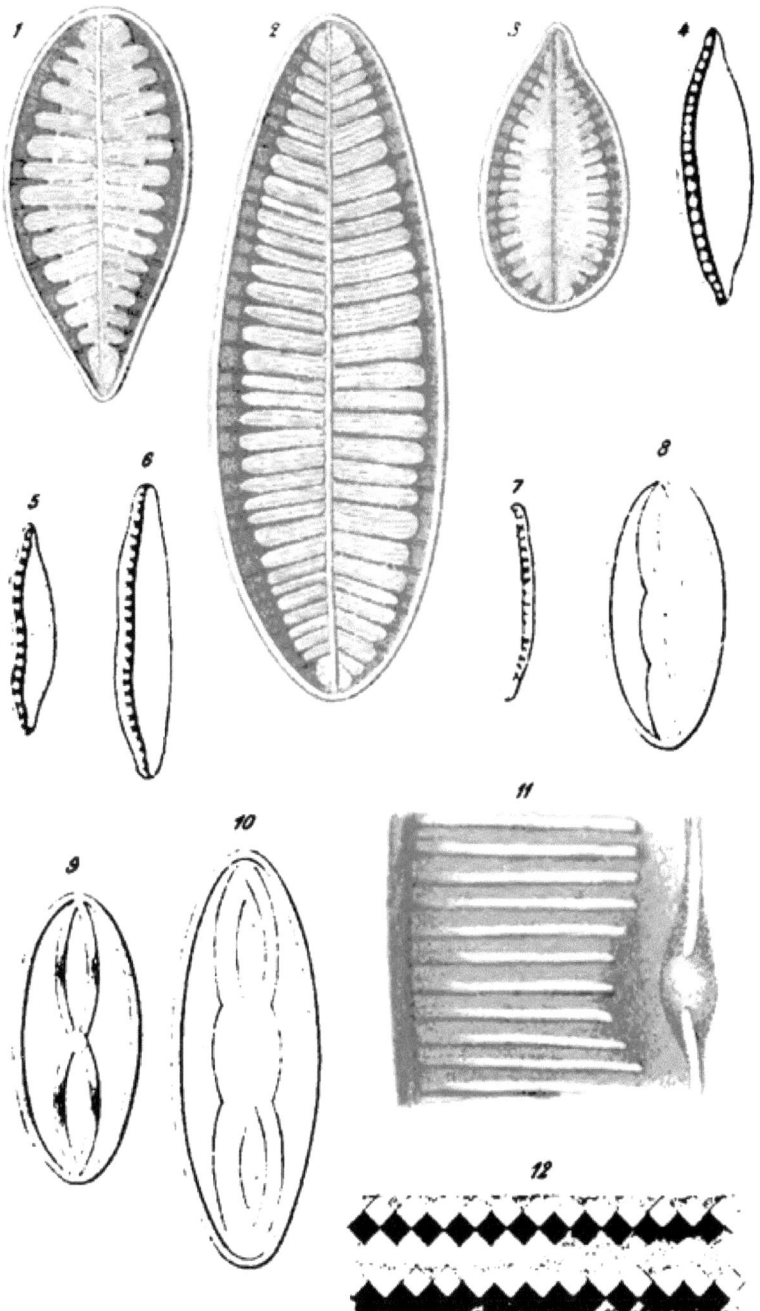

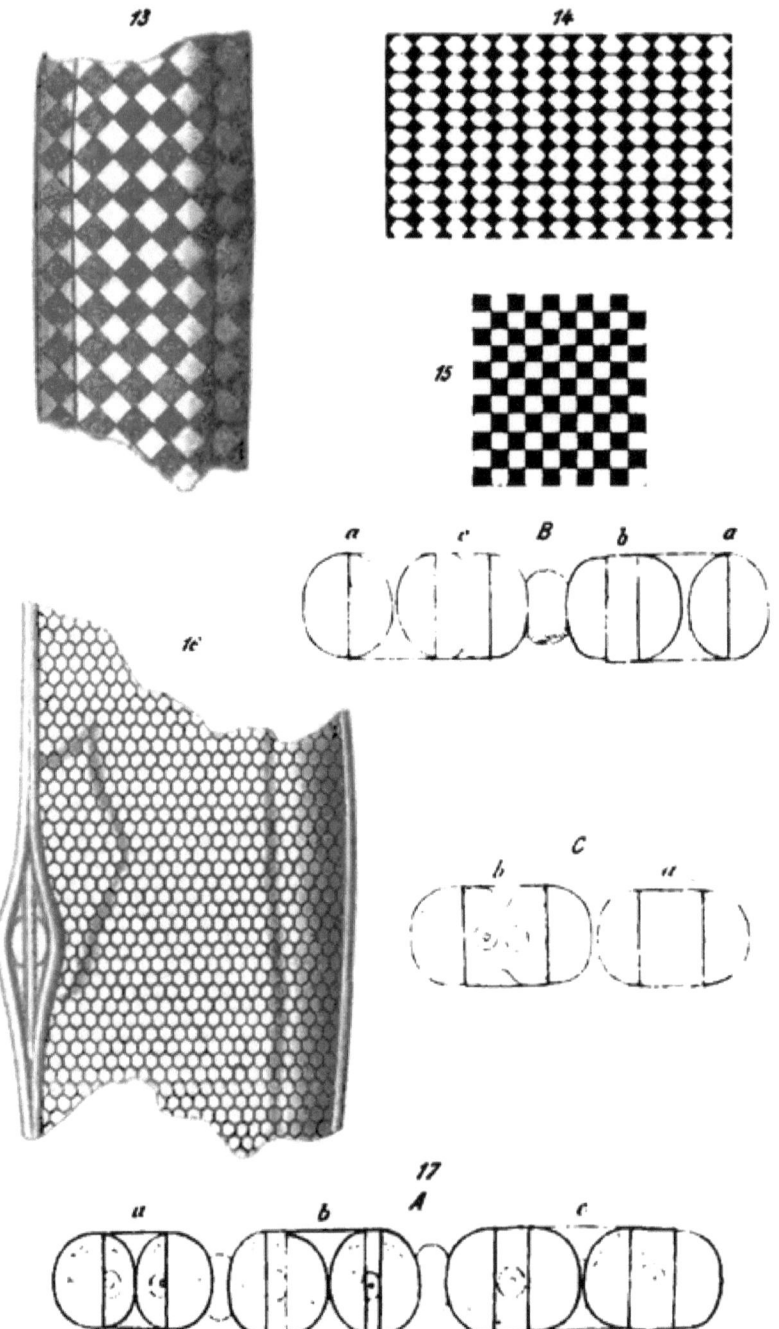

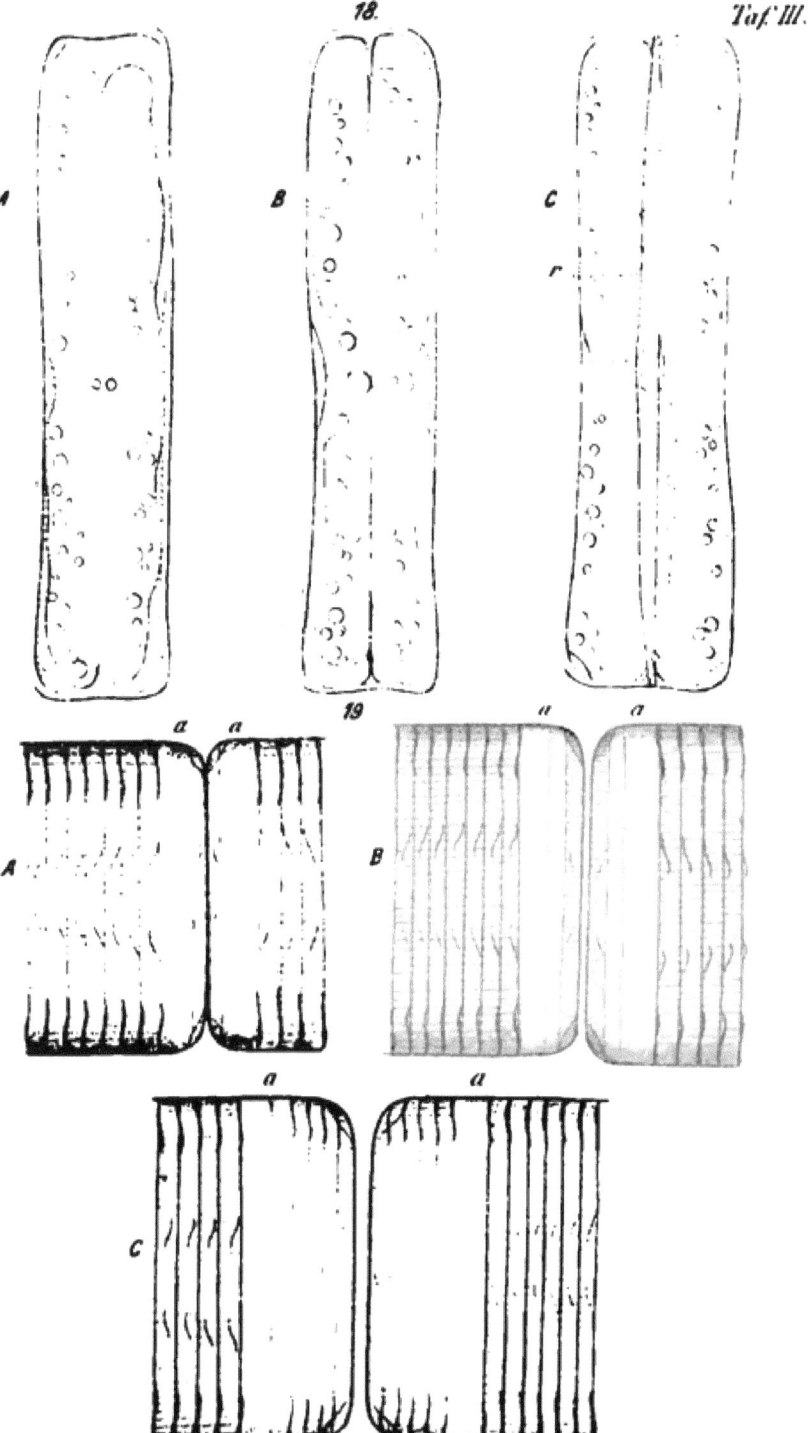